비극을 견디고
주체로 농담하기

소진사회의 인간과 종교 | 김화영 지음

na·da

이 도서의 국립중앙도서관 출판시도서목록(CIP)은 서지정보유통지원시스템 홈페이지(http://
seoji.nl.go.kr)와 국가자료종합목록시스템(http://www.nl.go.kr/kolisnet)에서 이용하실 수
있습니다. (CIP제어번호 : CIP2019015772)

비극을 견디고
주체로 농담하기

소진사회의 인간과 종교 | 김화영 지음

na·da

Joking as a Subject after Enduring Tragedy

- Man and Religion in the Society of Exhaustion

이 저서는 2015년 정부(교육부)의 재원으로
한국연구재단의 지원을 받아 수행된 연구임
(NRF-2015S1A6A4A01013154)

This Work was supported
by the National Research Foundation of Korea Grant
funded by the Korean Government
(NRF-2015S1A6A4A01013154)

차례

이 책의 목적은 1) 과거부터 지금까지 내려오는 통찰과 새로이 등장하는 사유의 힘을 빌려 장치들에게 포획당하지 않는 길을 모색하는 것, 2) 신자유주의가 제시하는 비극적 자본 논리에 잠식당하지 않으면서 웃음의 여유를 가지고 새로운 생명가치를 모색하는 것이다. 이 내용들은 3) 구체적으로 주체화, 일, 사랑, 마음, 배움, 종교적 가치관 등 청년들이 살아가야 하는 일상적 삶의 주요 영역들을 다루고 있다.

프롤로그

언제나 나는 목표도 없이 걸었다
한 번도 쉰다는 생각은 해보지 않았다
내가 걷는 길은 끝이 없는 것 같았다

마침내 한자리만을 계속 맴돌고 있음을
알았을 때 나는 방랑에 싫증이 났다
그날이 바로 내 인생의 전환점이었다

이제 나는 머뭇대면서 목표를 향해 걷고 있다
내가 가는 길마다 죽음이 서 있다가
내게 손을 내민다는 것을 알았기 때문에

- 헤르만 헤세, 『목표를 향해서』

1

10여 년 만에 찾아간 동해의 풍경은 익숙했지만 또 낯설었다. 아마도 미로 같은 성년의 숲을 지나온 탓에 바닷가 풍경을 바라보는 눈이 어딘가 달라졌기 때문이리라. 의식적이든 무의식적이든 삶이 우리를 소환할 때 우리는 멀리서 바라보는 풍경과 실제 삶의 모습이 다르다는 것을 경험하게 된다. 삶의 길목마다 서 있는 죽음이 다람쥐 쳇바퀴처럼 고정된 시선에게 다른 관점을 포함할 것을 요구하기 때문이다.

밤의 해변에 나서면 검은 밤바다를 수놓은 오징어잡이 배의 집어등이 보인다. 구원의 빛처럼 보이는 등불은 실은 쪽배에 작은 등을 단 것으로, 그 빛에 몰려드는 오징어들을 포획하기 위한 장치다. 초라하지만 잔인한 이 실상은 멀리 바닷가에서 산책하며 바라보는 구경꾼들에게는 그저 아름다운 밤바다의 풍경이리라. 삶은 멀리서 바라볼 때는 그저 아름다운 풍경이다. 그러나 그 풍경 속에는 밤안개처럼 서린 어부들의 애환과 그것을 만들어내는 고달픈 삶의 구조들이 도사리고 있다. 칼 폴라니Karl Polanyi라면 "시장이 삼켜버린 사회"의 일면이라고 묘사할 어촌에 대한 정부 시책, 아들의 학비를 벌기 위해 수고하는 아버지의 한숨과 보람, 집어등을 향해 이끌리는 바다 생물들의 생태계가 그 풍경 안에 어우러져 있다.

동해가 마음에 남긴 또 하나의 풍경은 수족관이었다. 수족관은 죽기 위해서 연명하는 생물들이 살아가는 기이한 곳이다. 그곳에서 목숨은 유지되지만 바다 생물다운 생명력은 찾아볼 수 없다. 수족관은 진정성authenticity을 흉내 내는 가짜 생태계이다. 그곳의 물고기들은 자기답게 삶을 살 수 없지만 살아있다는 느낌을 갖도록 조작, '사물화된' 존재들이다. 수족관에서 진실한 자신들이 되기 위해서 꿈꾸는 고기란 없다. 물고기에게 있어서 진정성을 가진 자신이란 드넓은 바다, 생존을 위해 움직이는 먹이사슬, 살아있는 고난, 번식을 위한 끌림과 욕망 등이 충만한 세계 안에서 살아가는 자신이며, 변화와 성장이 있는 자신이다. 바다란 모든 삶과 죽음의 대립적 요소들을 아우르고 다양한 요소들이 상호작용하며, 생명의 수레바퀴가 움직이는 곳이다. 반면 수족관은 안전하고 어떠한 천적이나 위협 요소도 없다. 그렇기에 물고기가 살기에 최적화된 곳처럼 보이지만 실은 죽음을 위해 준비된 공간이다.

2

우리를 생생하게 살아있지 못하게 하는 장애물들이 '최대 스펙,

최저 소득'이라는 이름으로 거대한 수족관을 구성하고 있다. 경제성장률 추이와 잠재성장률을 비롯해 많은 경제지표들이 가리키는 고용시장의 전망은 밝지 못한데도, 노동 공급자들의 수준은 높아만 가는 악순환의 딜레마가 지속적으로 작동하고 있다. 좁고도 높은 고용문은 불안정한 비정규직과, 비용 절감만을 위한 외주고용을 낳는다. 몇 년이 지났지만 여전히 유효한 김난도의 「코리아 트렌드 2013」[1]은 우리 시대의 수족관 풍경을 조목조목 짚어준다. 청년은 잠들지 않는다. 억지로 잠을 쫓기 위한 고高 카페인 음료가 학생들 사이에 인기가 높다. 마신 지 몇 분 만에 심장이 벌렁거리는 무서운 음료를 효과가 좋다며 몇 캔씩 책상에 진열해둔다. 밤샘은 성실한 학생의 미덕이 되었다. 한창 피어나야 할 젊은이들은 피기도 전에 늙어버렸다. 편의점을 비롯해 영화관과 커피 전문점 등은 24시간 근무체제에 돌입한 지 오래다. 청년도, 학생도, 기업도 끝을 볼 때까지 모든 것을 하얗게 불사른다.

3

알아챌 새도 없이 벌써 눅눅하게 젖어든 이 삶의 오작동 방식

---

1   김난도, 『트렌드 코리아 2013』, (서울 : 미래의 창, 2012).

을 햇살과 바람에 널어 말리려면, 질문해야 한다. 더 나아가 희망을 논하려면 이러한 시대를 가능하게 하는 집어등의 '장치'를 성찰해야 한다. 이 장치는 비단 신자유주의라는 거대 체계에만 해당하지 않는다. 종교, 사회와 같은 거대 층위에서부터 광고, 인터넷 담론과 같은 미시적인 층위까지 모두 장치의 역할을 할수 있다. 현대사회에서 인간의 자리, 종교의 의미를 살피기 위해서는 이러한 장치에 대한 탐구가 필수적이다.

닫힌 사회에서 장치는 사람들을 '주체'로 만들어 내기 위해 고안되었다. 여기서 주체는 구성원이 스스로 창조적인 사유와 행위를 한다는 의미가 아니다. 그것은 닫힌 사회가 원하는 방식으로 '주체화된' 것을 말한다. 푸코Michel Paul Foucault는 이를 복종적 주체라 말했다.[2] 구성원들은 장치들의 규율에 의해 타율적으로 복종하는 것이 아니라, 자발적으로 사회에 복종한다. 현대는 지배와 복종이 전면적으로 일어나지 않으며, 단순한 명령과 복종의 방식으로 일어나지도 않는다. 모든 것은 자발적으로 일어난다. 이 때문에 오늘날엔 특정 지배 세력, 특정한 권력자를 끌어내거나 이를 다른 사람으로 대체한다고 해서 사회가 바

---

2 미셸 푸코, 『감시와 처벌』, 오생근 옮김 (파주 : 나남, 2016).

꾀지 않는다. 문제의 초점은 권력자가 아니라 시대의 욕망이며, 자유의지를 가지고 선택하는 주체에게 있다. 복종적 주체를 진정한 자유의 주체로 만들어내면서 포획과 억압의 장치들을 대체할 수 있는 새로운 방안을 만들어낼 수 있을까? 푸코는 생생하게 살아있는, 길들여진 정신이 의식하지 못하는 야생의 영역을 가져와야 한다고 말한다.[3] 이 야생의 영역은 어디 있는가? 장치를 무력화하는 야성과 잉여를 생산하는 여유가 종교와 인간 안에 있을 수 있을까?

들뢰즈-가타리Gilles Deleuze-Félix Guattari에 의하면 장치는 두 가지로 구분된다. 하나는 이윤을 극대하기 위해 욕망을 부추겨 포획하는 장치고, 다른 하나는 욕망을 억압하는 장치다.[4] 이러한 장치는 한병철이 쓴 『피로사회』의 용어를 빌리면 '면역학적 패러다임' 이후 더 세밀해졌다.[5] 적과 동지, 우리 편과 다른 편의 구분이 분명했던 면역학적 패러다임의 시대와 달리 오늘날에는 그러한 구분이 경계가 모호한 안개와 같아졌다. 포획도

---

3 미셸 푸코, 『성의 역사1 : 지식의 의지』, 이규현 옮김 (파주 : 나남, 2004).

4 질 들뢰즈·펠릭스 가타리, 『안티 오이디푸스』, 김재인 옮김 (서울 : 민음사, 2014), 5-96쪽, 626-660쪽.

5 한병철, 『피로사회』, 김태환 옮김 (서울 : 문학과 지성사, 2013), 12-22쪽.

억압도 보다 미묘해지고 다양해진 셈이다. 오늘날 신자유주의 시스템은 '글로벌'을 표방하면서 이윤을 보다 세밀한 방식으로 취해내고, 시간과 공간을 포획하고 모든 취향, 문화까지 포섭하는 방식으로 인간을 소진시킨다. 한병철은 이를 '신경증적'이라고 표현했다.[6] 이러한 포획과 억압 속에서 현대인간은 항상 배고프고, 불안하고, 잠식당한다. 그에 따르면 소진증후군은 푸코의 타율적인 '복종적 주체'가 아니라 주체적인 '성과주체' 안에서 일어난다. 결과적으로 우리의 자화상은 자발적 자기착취를 통해 스스로를 갉아먹는 모양으로 치닫고 있다. 그는 푸코가 말하는 규율사회가 '~해서는 안 된다.'라는 부정성의 사회를 설명하는 데는 적당하지만, '~해야 한다.'가 지배하는 오늘의 성과사회는 설명하지 못한다고 비판한다.

 그러나 장정일은 그의 주장에 심취하기 이전에 한 가지 유념해야 할 사안이 있다고 말한다.[7] 한병철이 제시한 분석틀에서는 성과주체만 있을 뿐 시스템의 지배자가 없기 때문에 시스템에 대항할 '우리'가 형성되지 못한다. 왜냐하면 『피로사회』가 말한 바와 달리, 자기 착취란 성공에 대한 심리적 압박감에

---

6 위의 책, 11쪽.

7 장정일, "<피로사회>를 경멸하는 이유", 「시사인」 (2013. 01. 12).

서 오는 몫이라기보다 구조의 산물이기 때문이다. 그런 구조에서는 저항이나 새로운 연대를 가능하게 하는 창조적 잉여의 힘이 생성되지 못한다. 장정일의 비판은 인간사에서 종교가 감당해야 할 방향까지도 시사하고 있다. 결론적으로 그는 한병철의 결론이 성과주체의 내면을 강인하게 한다는 점에서 의미는 있지만 외부로부터의 착취 구조를 외면하는 '힐링 트렌드'에 그칠 공산이 크다고 말한다. 한병철은 장치를 해체할 주체 혹은 주체적 공동체에 대해서는 말하지 않는다. 그러한 주체는 자기를 착취하는 사회 속에 다시 뛰어들어 경쟁구조 속에서 살아남고 소진사회를 지속시키는 데 한몫하게 될 것이다.[8]

그의 비판은 일견 타당하다. 그러나 이제는 추적조차 할 수 없는 시스템 전체에 촉각을 곤두세우며 안팎으로 비판의 날만을 세운 주체를 양산하는 것이 목적이 아니라면, 이러한 소진사회에 새로운 창조적 잉여를 생성하는 희망으로서의 주체는 분명 필요하다. 무엇이 우리의 안과 밖을 동시에 비춰주면서 단순한 내면치유가 아닌 새로운 운동적 주체, 공동체적 주체를 만들어 낼 것인가?

---

8   한병철, 『피로사회』, 김태환 옮김 (서울 : 문학과 지성사, 2013), 28-29쪽.

어떤 운동이 새롭게 무엇인가를 만들어내기 위해서는 이전의 패러다임paradigm을 비판하되 그것을 딛고 넘어서는 잉여의 힘이 있어야 한다. 즉 잉여의 영역을 발생시키는 창조적인 대안이 있어야 한다는 것이다. 이는 오늘날 참 사람됨을 보여줘야 하는 종교의 역할을 알려줌과 동시에, 제도화된 종교가 어떠한 방식으로 체제내화 되어있는지 비판적으로 살필 수 있게 해주는 하나의 렌즈가 되기도 한다. 우리의 화두는 단순한 시스템 비판을 넘어서는 문제이다. 이 시대의 패러다임과 장치의 특성을 이해하는 작업은 생생함과 잉여를 만들어 내는 타자와, 타자들의 연대를 가능하게 하기 위함이다.

오늘날의 종교는 소진 사회의 구조를 넘어서는 야성적 '생생함'을 제대로 구현하고 있는가? 종교가 지닌 원초적인 야생성은 상당 부분 체제 속에서 상실되거나 포획 당했다. 종교의 제도화, 율법화, 구조화 — 아감벤Giorgio Agamben에 의하면 다른 의미로서의 '세속화'[9] — 를 극복하고 생생하게 살아있는 생명의 원형성을 복원시키는 것이야말로 현대 종교의 과제라 할 수 있다. 과연 이 시대의 종교는 초월적 원형을 복구시켜 공공선의

---

9 조르조 아감벤, 『세속화 예찬 : 정치미학을 위한 10개의 노트』, 김상운 옮김
(서울 : 난장, 2010).

창조적 생명력을 불러일으킬 수 있을까? 이 전례는 비극의 주체였던 예수 운동에서 살필 수 있다. 과거 예수 운동이 혁명적이었던 것은 그것이 율법과 지배, 의존을 넘어서 생생하게 살아 있는 생명을 드러내는 운동이었으며, 코드화된 장치들을 해체시키면서 새로운 관계를 발생시키는 축제였기 때문이다.

4

인간과 종교에 걸 수 있는 희망의 방향은 무엇일까? 우리는 그리스 비극이 주는 저항적 자유와 축제성을 주목한다. 비극이 비극으로 끝나지 않으려면 창조적 주체를 탄생시킬 사랑과 비폭력적 저항을 불러일으킬 기쁨, 잉여를 낳는 생명력이 필요하다. 비극은 성찰의 주체를 낳지만 희극적 요소는 더 큰 생명의 힘을 가진 자를 새롭게 탄생시킨다. 영화 <인생은 아름다워>는 슬프지만 아름답다. 주인공 귀도는 그 비극적 상황에서 가장 비틀어져있고, 가장 실패한 자이고, 가장 비웃음거리가 될 만한 사람인데도 불구하고 도리어 희극적 요소를 자기의 비극적인 현실 속에 집어넣어 드러냄으로써 비극을 넘어서는 주체가 된다. 그래서 비극의 주체가 된 그는 오히려 세상의 중심에 서서 남을 비웃는다. 이 때 웃음거리가 되는 것은 귀도가 아니라 세상이다. "세상이 나에 대해 죽었고 나도 세상에 대해 죽은" 그는 사회가 만들어놓은 장치를 넘어서서 오히려 잔잔하지만 뭉클한 새로운 통찰을 보여주고 있다. 구약의 선지자들은 비극적 운명의 공동체가 가진 내적 필연성을 비웃는 자들이었다. 이스라엘의 운명을 예언하면서 자기의 삶을 웃음거리로 만든 호세아와 같은 선지자들은 희극을 빌어 이스라엘 전체의 비극을 패러디한다. 비극이 주체화를 통해 희망이 되려면 그 운명이 나의 것만이 아니라, 공공의 무게를 지니고 있다는 공동의 인식점이 필요하다.

니체Friedrich Wilhelm Nietzsche는 비극을 이기는 명랑성과 희극성에 대해서 얘기하면서 그가 말하고자 하는 것이 '그리스적인 명랑성'은 아니라고 말한다.[10] 비극이 새로운 세계를 창조하려면, 짐을 진 낙타와 비판하고 저항하는 사자의 단계를 넘어선 어린아이의 명랑성이 필요하다는 것이다.[11] 종교는 비극의 한가운데서 어떻게 생생한 기쁨과 생명으로 살아갈 수 있는가? 이 기쁨이 어떻게 새롭게 생성될 수 있을까? 창조와 해방, 가장 고

---

10 프리드리히 니체, 『비극의 탄생』, 이진우 옮김 (서울 : 책세상, 2005), 133-134쪽.

11 프리드리히 니체, 『차라투스트라는 이렇게 말했다』, 정동호 옮김 (서울 : 책세상, 2000), 38-41쪽.

유하면서도 더불어 살아가는 공동체성은 어디에 있을까? 단순히 비판만이 아니라 웃음으로 승화된 비폭력적 저항과, 가장 아름답고 촉발적인 생명력이 숨어있는 힘은 어디에서 발견될 수 있을까? 그러나 이러한 시도가 적당히 거리 떼기를 하면서 웃음의 요소만 포획해서 찾아내고자 하는 것은 아니다. 그러한 웃음은 자본주의의 포획 논리에 똑같이 물들어 있는 것이고, 문화의 요소로 소비될 것이다. 슬프지만 웃을 수 있는 해탈의 미학을 어떻게 기계적인 지배질서와 규범에서 탈피시킬 수 있는 전략으로 삼을 것인지에 대한 고민이 필요하다.

5

생명은 명랑함, 또 두려움과 나약함을 이기는 함께-감, 잉여의 생명력이 만드는 저항성을 배태하고 있다. 이러한 생명력이 우리 안에서 새롭게 촉발되는 계기들은 무엇일까? 이러한 테제들은 기계화되고 배열화되고 규범화된 것들을 해체할 때 폭발적인 생명력을 드러낼 것이다. 그래서 생명은 그 자체로 차라리 하나의 혁명이다. 그것은 두려움을 잊고 함께 연대할 수 있는 능력이며, 장치와 억압의 교묘함을 밝히 드러내는 빛이다. 사방팔방이 막힌 상황에서 상황을 재구성하는 놀라운 지혜이다. 이러한 삶을 배우는 것은 치열한 삶 한가운데로 곧장 걸어 들어가는 것이다. 그때 눈앞에 무엇이 펼쳐지는지 보라. 비극을 통과한 후에 비로소 즐길 수 있는 운명과 자유의 놀이터, 사랑하고 웃고 배우고, 놀이하는 자들의 놀이터, 신 없이 신과 함께 이 비극 한가운데서 새로운 유토피아를 창조하는 거룩한 성역 聖域이 바로 이곳에 있다.

우리는 비극의 주체로서 희극적 요소와 미메시스Mimesis[12]를 통해, 비웃고 풍자하는 여유와 그것을 넘어서는 새로운 창조의 삶을 모색하고자 한다. 삶의 주요한 영역들에서 비극의 장치들을 찾아내고, 그 배열망에서 벗어난 아름다운 생명의 몸짓들을 찾아낼 것이다. 보드리야르Jean Baudrillard가 『소비의 사회』[13]에서 이야기한 교환가치, 기호가치, 신분가치를 넘어서서 참으로 인간적이고 참으로 종교적인 삶의 가치를 제시할 수 있는 생명의 조직망이 필요하다. 생명력 있는 종교를 위해 실증과 경제

---

12 미메시스(Mimesis) / 그리스어로 '모방', '재현'이라는 뜻으로 미학적 용어이기도 하다. 플라톤과 아리스토텔레스는 미메시스를 자연의 재현이라고 말했다. 플라톤에 의하면 모든 예술적 창조는 미메시스의 형태이다. 즉 '이데아의 세계'에서 실제로 존재하는 것은 신이 창조한 형태이며, 인간이 자신의 생활 안에서 지각하는 구체적인 사물들은 이 이상적인 형태가 그림자와 같이 어렴풋이 재현된 것이다.

13 장 보드리야르, 『소비의 사회 : 그 신화와 구조』, 이상률 옮김 (서울 : 문예출판사, 1999).

논리를 벗어난 신비와 야생의 영역을 끌어내야 한다. 장치에 포획된 유사중독을 식별해야 한다. 우리는 진리놀이와 완전히 다른 놀이를 하는 것이 아니라, 진리놀이를 다른 방식으로 행하는 것이다. 안과 밖을 관통하는 진리놀이의 새로운 차원을 고민하고 선택해야 한다.

이 책의 목적은 1) 과거부터 지금까지 내려오는 통찰과 새로이 등장하는 사유의 힘을 빌려 장치들에게 포획당하지 않는 길을 모색하는 것, 2) 신자유주의가 제시하는 비극적 자본 논리에 잠식당하지 않으면서 웃음의 여유를 가지고 새로운 생명 가치를 모색하는 것이다. 이 내용들은 3) 구체적으로 주체화, 일, 사랑, 마음, 배움, 종교적 가치관 등 청년들이 살아가야 하는 일상적 삶의 주요 영역들을 다루고 있다. 또한 이 책은 연세대학교 학부에서 강의했던 <인간과 종교>의 내용을 재구성하였다. 진지하게 경청하고 녹취로 수고한 제자들과 사랑으로 출간에 헌신한 공동체 가족들과 벗들에게 감사의 마음을 전한다.

하즈라트 이나야트 칸Hazrat Inayat Khan의 이야기[14]로 서문을 마

---

14 류시화, 「아침의 시 71」, 페이스북, 2014. 08. 11.

친다. 한 여인이 새로 문을 연 가게에 들어가게 되었다. 그런데 가게 주인이 신이었다. 무엇을 파느냐고 여인이 묻자 신은 "당신이 원하는 것은 무엇이든 팝니다."라고 말했다. 놀란 여인은 인간이 원하는 최고의 것을 사기로 마음먹었다. "마음의 평화와 사랑과 행복과 지혜, 그리고 두려움으로부터의 자유를 주세요." 신은 미소 지으며 말했다. "미안하지만 가게를 잘못 찾으신 것 같군요. 이 가게에선 열매는 팔지 않습니다. 오직 씨앗만을 팔지요."

이 책이 소진사회를 힘겹게 살아가는 청년들에게 인간과 종교라는 화두에 작은 희망의 씨앗이 되기를 기대한다.

그 신성의 영역에는 놀이하는 야생의 아이가 있다. 이 아이는 촘촘하게 짜인 장치의 그물망을 빠져나가 자유롭게 놀이하는 아이, 점점 획일화 되어가는 세계 속에서 새로운 기억을 창조하는 아이다. 이 아이는 자신의 본래성을 회복한 진정한 주체이기에, 자아를 부추겨 우상적 주체로 사느라 삶을 조진하지 않는다. 오히려 이 아이는 살아있는 공동체의 한 지체로서 자기 비허를 통해 우상화된 자기를 극복한다.

1

장치에서 벗어나기

예수께서 그 누운 것을 보시고
병이 벌써 오래된 줄 아시고
이르시되 네가 낫고자 하느냐

- 『요한복음』, 5장 6절

예루살렘에는 베데스다라는 연못이 있었다. 그곳은 간헐천처럼 가끔 뜨거운 물이 보글보글 올라오는 곳이었다. 예루살렘 성전에서는 희생 제물로 쓰일 동물들의 내장을 이 연못에서 씻었다. 아마도 희생제물로 바치기 위해 동물을 손질하는 장소였을 것이다. 동물의 찐득한 피와 지방 덩어리, 썩은 살 조각들이 떠다니며 악취가 진동하는 이곳에 수많은 병자들이 모여든 것은 이곳이 기적의 세계와 접촉할 수 있는 곳으로 소문이 자자했기 때문이었다. 간혹 천사가 내려와 연못의 물을 휘젓는데, 그 때 가장 먼저 물에 뛰어든 자는 무슨 병이든지 나았다는 신화로 인해 이곳은 매우 붐볐다. 폴 리쾨르Paul Ricoeur의 말처럼 신화란 본디 무한하면서 초월적인 것이 현실세계에서는 유한할 수밖에 없는 존재적 모순의 소외사태를 달리 표현한 것이다.[1] 다각적인 구도로 인해 이곳은 성과 속의 세계 사이에서 신의 옷자락이라도 붙잡고 매달리고 싶은 사람들이 모여들었다.

38년을 베데스다 연못가에서 보낸 병자는 이 분열된 세계를 막연한 기대로 버티고 있는 사람이었다. 매번 실패하는 인생의 대표적 상징으로서, 이 잔인한 감옥을 탈출할 수 없어서 눈만

---

1 폴 리쾨르, 『해석의 갈등』, 양명수 옮김 (서울 : 한길사, 2012), 39-41쪽, 327-329쪽.

겨우 끔뻑거리고 있었을 것이다. 아마 행각의 경쟁에서도 밀려 났으리라. 이 긴 세월동안 그는 중력의 바깥으로 뛰쳐나가고 싶 었으나 힘이 없어서, 속도가 늦어서, 배경이 없어서, 다양한 이 유들로 무기력한 시간이 반복되고 있었다. 의심과 믿음이 분열 상태로 그를 괴롭히고 있었다.

그 곳에 예수께서 오셨다. 그는 망설임 없이 38년 된 병자에 게 걸어가서 물었다. "네가 낫기를 원하느냐?_{요한복음 5:6}" 예수의 질문은 병인의 삶을 저 밑바닥부터 흔들었다. 38년간 그를 지 탱해온 것은 오랜 투병과 구걸이 주는 은밀한 편안함과 익숙함, 역설적이지만 낫고는 싶지만 나을 리가 없다는 확신이었다. 그 러나 그는 눈앞에 선 한 젊은이에게서 새벽 공기 같은 생명의 조짐을 어렴풋이 감지했다. 과연 그가 신성한 세계의 일원으로 발을 디딜 수 있을까? 선택의 문을 열어야 할 시간이 다가온 것 이다. 우리는 늘 선택의 문을 열고 닫는다. 이 문을 거치지 않고 지나갈 수 있는 길은 없다. 때가 무르익었는데도 신중함이 지나 쳐 문을 여닫는 시간을 놓치면, 모든 소중한 것들이 틀어져 버 릴 것이다. 장자_{莊子}가 말한 허심_{虛心}[2]은 굳어진 경험과 확신이 지

---

2 장자, 『장자1』, 이강수·이권 옮김 (서울 : 길, 2005), 116쪽.

탱해 온 옛 세계를 뛰어넘어 새로운 세계와 소통하는 기술이다. 그것은 날개 없이 허공으로 비상하며 빈 마음으로 세계와 소통하는 법이다. 병인에게 온 선택의 순간에 예수는 한 마디로 쐐기를 박는다. "일어나 네 자리를 들고 걸으라! 요한복음 5:8" 여지껏 굳혀온 시공간의 감각을 넘어서는 순간, 친숙한 토대를 버리고 열림의 공간에 발을 내딛는 선택의 순간, 나를 비워 타자가 온전히 들어올 수 있는 틈새를 만드는 순간, 병인은 새로운 성소의 문턱을 넘어가고 있었다. 그는 다리에 다시 돌아온 신경의 감각을 느꼈다.

이 예화는 우리에게 무슨 의미가 있을까? 오랫동안 치유를 기다려 온 한 병인의 기적 수기에 불과한 것일까? 그것은 우리에게 베데스다 연못으로 상징되는 1등의 신화가 허상이라는 것을 알려준다. 천사가 와서 물이 끓어오를 때, 일등으로 들어간 사람만이 특혜를 누릴 수 있다는 이 야비한 신화는 현대의 음험한 루머 속에서만 있는 것이 아니었다. 삶의 대부분이 경쟁에서 승리하는 것에만 초점이 맞춰진 까닭에, 자신을 비우는 것에 승리의 비밀이 있다는 진리는 아무도 듣지 않는 고루한 설교가 되었다. 그러나 해답은 언제나 타자를 짓밟고 경쟁하는 데 있는 것이 아니라 자기 자신 안에 있다.

병자들에게 천사를 기다릴 수 있게 해 주는 연못 근처의 행각
行閣은 또 어떠한가. 그곳은 새로운 길을 향해 운명의 모험을 떠
나기보다 그곳에 머물러 안주하고 모인 사람들끼리 실낱같은
희망을 공유하게 한다. 그들은 진정한 희망의 공유자들이 아니
라 연못에 작은 기미만 보여도 경쟁자로 돌변할 가짜 친구인데
도 말이다. 사실 행각에 모인 병인들이 두려워하는 것은 병이
아니라 변화일지도 모른다. 동병상련을 느끼며 이곳에 모인 사
람들은 서로의 절망에 위안을 느낄 뿐 생을 위한 치열한 자유
의 내적 씨름을 겪지 않는다. 이 구조를 상징적으로 보여주는
것이 일등의 허상이다. 유일하게 한 사람만이 살아남아 베데스
다를 떠난다는 신화는 불공평한 경쟁 구조와 그것을 견디게
하는 도피처의 유지를 정당화한다.

베데스다의 신화에서 치유의 기적은 단 한 명을 제외한 모두
에게 이루어지지 않는다. 나 아닌 누군가가 연못에 일등으로
들어갈지도 모른다는 숨겨진 두려움은 경쟁에 이겨 일어나는
승자에게 박수를 보내기보다 시기하게 만들고, 자신에게 있는
힘을 북돋워 문제를 해결하기 보다 불평과 남 탓을 만들어낸
다. 이 구조에서 벗어날 수 있는 유일한 탈출구는 자신 안에 신
의 말씀에 응답하여 삶을 창조할 힘이 있다는 믿음이다. 예수

께서 병자에게 선포하셨듯이, 바로 네 자신 안에 부활의 생명이 "일어나" 새롭게 걸어갈 수 있다고 알려줄 누군가가 필요하다. 주체가 된다는 것은 남들이 정해준 기준과 경계를 뛰어넘어 일어설 힘이 바로 자신 안에 있다는 것을 믿는 일이다.

삶의 변화는 장치의 패러다임을 인식하는 것으로부터

그렇기에, 진정한 한 개인과 공동체가 되려면 기존의 정해진 선을 뛰어넘는 용기가 필요하다. 인생을 제한하는 경계들을 넘어야만 가능하다. 진정한 나는 관계 속의 '나'이기에 삶의 변화는 거대한 패러다임의 전환paradigm Shift과정이기도 하다. 토마스 쿤Thomas. Kühn은 『과학혁명의 구조』에서 "패러다임은 어떤 한 시대 사람들의 견해나 사고를 근본적으로 규정하고 있는 테두리로서의 인식의 체계, 또는 사물에 대한 이론적인 틀이나 체계를 의미하는 개념"[3]이라고 정의한다. 쿤에 따르면 한 시대에서 사실이나 진리로 받아들여지는 생각이나, 당연하다고 느끼는 규범 혹은 구조 등은 절대적으로 옳은 것이 아니다. 그것은

---

3 토마스 쿤, 『과학혁명의 구조』, 홍성욱 옮김 (서울 : 까치글방, 2013), 248쪽.
   구체적으로 쿤이 설명하는 과학혁명의 구조를 도식화 하면 다음과 같다 : '기존의 과학 → 패러다임 출현 → 정상과학 → 위기 → 과학혁명 → 패러다임의 출현 → 새로운 정상과학의 확립'

시대의 패러다임 안에 종속되어 있는 진리이다. 사회 모든 분야에 걸쳐 패러다임은 지배력을 갖는다. 우리는 태어나면서 이미한 패러다임 안에 던져져 있으며 패러다임이 기대하는 형상에 맞추며 자라난다. 쿤의 패러다임 이론이 보여주는 것은 주체가 관계구조 안에서 규정되고 조건화된다는 것이다. 그러므로 주체가 주체답게 서려면 이 패러다임의 변화를 읽을 수 있는 능력이 필요하다.

근대적 사유에서 주체는 타고나는 것, 인간 안에 원래부터 있는 능력으로 생각된다. 스스로 결정할 수 있는 존재가 주체이며 그 능력을 잘 따르면 개인의 생각대로 살 수 있다고 본 것이다. 그런데 근대적 사유를 비판하는 탈근대적 사상들은 주체라는 것이 타고나는 것이 아니라 특정 조건과 타자와의 관계속에서 만들어진다는 것을 일깨워준다. 우리가 감각하는 방식, 행동하는 방식은 실체적으로 타고난 자율적 능력에 의해 형성되는 것이 아니다. 도리어 안의 능력은 밖에 있는 조건들과 관계 속에서 형성된다. 즉 주체는 개체적이고 단독적으로 주어진것이 아니라, 조건과 관계들의 상호작용 속에서 주어지는 것이다.

'장치'의 개념은 주체의 만들어짐에 대해 새로운 경각심을 일깨운다. 본디 주체subject라는 라틴어는 두 가지 어원을 갖는데, 하나는 주인을 의미하는 '수브엑툼subjectum'이다. 다른 하나는 종속된 것, 하인, 신하를 의미하는 '수브엑투스subjectus'라는 어원을 갖는다. 이런 맥락에서 주체가 되는 것은 스스로 '수브엑툼주인'이 되는 것 같지만 동시에 종속된 자, 즉 '수브엑투스하인'이다. 이러한 주체의 역설은 패러다임 안에 숨어있는 장치의 역설을 이해하고 넘어서는 데 도움을 준다.

한병철은 『피로사회』에서 근대를 '면역학적 패러다임의 시대'라고 불렀다. 면역학적 패러다임이란 병을 유발하는 물질이 인체 안에 들어오려 할 때, 이에 대항하고 배척하는 면역 현상을 사회에 비유한 것이다. 면역학적 패러다임 안에서 개인과 사회를 움직이는 중추적인 에너지는 상정된 적에 대한 적개심으로부터 생산되었다. 그렇기 때문에 조금이라도 목표에 반하는 생각이나 행동이 집단 내에서 발견되면 그것은 곧 공격받고 제거 당한다. 한국의 수능 시험이 5개의 문항 중에서 1개는 맞고 다른 항목들은 틀리기에 제거 대상이 되는 방식으로 구성되어 있듯이 말이다. 이러한 면역학적 패러다임에서 적의 범위는 미리 상정되어 있는 적뿐만 아니라 타자성 자체를 포함하기 때문에, 집단 내에서 조금의 다름도 인정되지 않는다. 냉전 시대에

창궐했던 이 패러다임은 불행히도 세계 유일의 분단국가인 한국의 상황에서는 여전히 유효하다.

면역학적 패러다임에 갇힌 사회에서는 둘러싸인 장벽들에 의해 장치가 규정된다. 푸코가 분석한 판옵티콘panopticon[4]의 죄수들처럼, 면역학적 패러다임의 구성원들은 자발적으로 '복종적 주체'가 된다. 현대 사회는 마치 죄수들을 감시하는 판옵티콘처럼 개인의 모든 생활과 활동을 감시하고 통제하며 고도로 발전된 정보기술과 체계가 기여한다. 태어나자마자 개인은 국가에 출생 신고를 해야 하고, 성인이 되어서는 주민번호라는 분류 체계를 부여받는다. 외국으로 나갈 때 그는 여권번호로 신분을 증명해야 하고, 인터넷 상에서는 로그인을 통해 자신의 신상을 노출시킨다. 이런 사회에서는 인간이 수치화될 수 있고 측량 가능한 존재로 여겨진다. 권력이 만들어지는 원리가 여기에 있다.

---

4 판옵티콘은 영국의 철학자이자 법학자인 제러미 벤담Jeremy Bentham이 제안한 일종의 감옥 건축양식을 말한다. 하지만 푸코에게 있어서 판옵티콘은 벤담이 상상했던 사설 감옥의 의미를 훨씬 뛰어넘는 것이었다. 그것은 새로운 근대적 감시의 원리를 체화한 건축물이었고, 군중이 한 명의 권력자를 우러러보는 '스펙터클의 사회'에서 한 명의 권력자가 다수를 감시하는 '규율 사회'로의 변화를 상징하고 동시에 이런 변화를 추동한 것이었다. 푸코에게 판옵티콘에 대한 고찰은 근대 '권력'을 아주 잘 설명해주는 장치였고, 동시에 권력행사의 방식이 이제 더 이상 소유하는 것이 아니라 '작용'하는 것이며 억압하는 것이 아니라 '생산'하는 것이라는 점을 주장하였다. 미셸 푸코, 『감시와 처벌』, 오생근 옮김 (서울 : 나남, 1994), 350쪽. 참조.

사회는 구성원들의 차이를 수량화하여 서열화할 수 있기 때문에 그 구도 안에서 자발적인 복종이 가능해진다. 학교는 성적으로, 감옥은 처벌로, 병원은 병에 대한 지식 장치로 지배와 통제가 가능해진 것이다. 한국 사회에서 이러한 장치들이 더욱 씁쓸하게 느껴지는 것은 한국 사회의 유난한 정보 '편집증' 때문이다. 그것은 분단으로 발생한 안보에 대한 신경증 때문에 비롯되었을 것이다. IT강국의 이면에는 세계적으로도 가장 정교하고 종합적인 정보 기반으로 인해 국민의 거의 모든 것이 파악되는 사회라는 그림자가 드리워져 있다.

복종적 주체는 단지 발전된 정보기술로 감시와 통제가 가능해졌다는 것 때문에 탄생하는 것이 아니다. 그보다 더 중요한 사실이 있다. 사회 구성원 각자가 규율과 감시를 내면화하여 자발적으로 '훈육적 권력'에 순응한다는 것이다. 그것은 스스로 감시하고 조심하는 사회로서 '자기 검열'은 바로 이런 자발적 복종 주체의 내면화 과정을 압축해서 나타낸다.

면역학적 패러다임에서의 생존 원리는 스스로 공격할 타자와 이질성을 물색한다는 데 있다. 그러나 타자를 공격하고 환경을 탓해도 어쩐지 뒷맛이 개운치 않은 이유는 그 공격이 결국에는 자기 콤플렉스를 가리기 위한 방어기제에서 비롯되었음을 느끼기 때문이다. 그것은 더럽고 악하고 제거해야 할 적이라고 여기는 많은 것들이 실은 추방된 야생의 본능들이며, 생생하게 살아남아야 할 생명의 세계임을 알아차리면서 온다. 이 감각은 면역학적 시대의 패러다임을 무너뜨리는 균열, 틀에 박힌 선과 악의 차원을 넘어가는 감각이다.

한병철은 냉전의 종식 이후 면역학적 패러다임이 지나갔다고 말하며 새로운 패러다임을 분석한다. 그는 현대를 신경증적 패러다임으로 정의한다.[5] 아직 한국적인 상황의 구석구석에 면역학적 패러다임의 잔재가 만연하지만 신경증적 패러다임 역시 현재 한국을 지배하는 얼굴이다. 신경증적 패러다임은 면역학적 패러다임 속에서라면 적대시되었을 이질성과 타자성을 구조와 장치 속으로 포획한다. 그래서 신경증적 패러다임 속에서는 적과 아군이 명확하게 구분되지 않는다. 적은 외부에도 있지만 내부에도 있고 네 안에도 있지만 내 안에도 있다. 어제의 적은 오늘의 동지이며, 선악의 구도 속에서 늘 조연으로 자리했던 악당들이 매혹적인 주연으로 등장한다. 그것은 선의 그늘에 가려졌던 위선의 폭로이며, 삶이란 그렇게 칼로 무를 자르듯 단

---

5 한병철, 『피로사회』, 김태환 옮김 (서울 : 문학과 지성사, 2013), 11-12쪽.

순한 이분법으로 구분될 수 없음을 밝히는 것이다. 자기 중심의 선악구도의 이면에 정죄되었던 우리 안의 욕망들, 이질성과 타자성으로 부정당했던 낯선 풍경들은 전경으로 당당하게 모습을 드러낸다. 면역학적 패러다임에서 바람직한 주체가 되기 위해 버려졌던 비체$_{abject}$[6]들은 이제 매혹적인 방식으로 빛 속에서 자신을 드러낸다.

신경증적 패러다임이 가진 장치의 철학은 긍정성과 수용성이다. 억압된 것들이 귀환하기 시작했다. 문명을 위해 제거된 것들이 오히려 이제는 박제된 도시에 활기를 불러일으킨다. 그것은 제거하려고 노력할수록 오히려 생생한 활력을 자랑하며 경계를 넘나든다. 이 시대에는 면역학적 패러다임과는 정반대로 타자성을 기반으로 한 다양성이라는 가치가 새로운 도덕이 되었으며, 다양성을 포획하여 내재화하는 자만이 살아남게 되었다. 다양성에 대한 인정과 존중은 인류가 새롭게 찾아낸 고귀한 가치지만, 자본주의의 장치가 다양성을 주목하는 초점은 그

---

6   비체(abject) / 주체도 객체도 될 수 없는 존재, 아예 존재 자체가 지워진 존재다. 포스트구조주의에서 주로 탐구하는 용어로서, 관습적인 정체성 및 문화적 관념을 혼란스럽게 한다고 여겨지는 존재다. 대상 'object'에 '아닌'을 뜻하는 접두사 'a'를 붙여 만든 비체는 콧물, 더러움, 분비물을 뜻하는 비체(鼻涕)처럼 액체성을 지니고 경계를 넘나드는 위험하고 오염된 것으로 여겨진다. 특히 기존의 언어와 질서로는 파악할 수 없는 존재가 바로 비체라 할 수 있다.

것이 돈이 되느냐 그렇지 않느냐이다. 문제는 구조와 장치의 욕망에 의해 포획하느라 다양성 자체가 가지고 있는 고유한 의미에는 별다른 관심을 기울이지 않는다는 것에 있다. 사실 다양성과 관련하여 중요한 의미는 단지 언어규범의 문제만이 아니라 인권이나 평등에 관한 상위 의식의 감수성에 해당되는 것이다.

부정성을 중심으로 하여 적과 동지의 경계를 그었던 보다 면역학적 패러다임의 주체가 자발적 복종 주체였다면, 긍정성을 중심으로 살아가야 하는 신경증적 패러다임의 주체는 소진적 성과주체이다. 현대인들은 몰려드는 이질성을 부정할 수 없는 무경계의 상태에 있다. 타자를 부정하며 장벽을 세워 성안에서 살아가는 면역학적 공간과 달리, 성문이 무너지고 배제된 것들이 몰려오는 있는 신경증적 공간에서는 배제의 방법이 통하지 않는다. 형틀에 묶여 고문을 받아들여야 하는 죄수처럼, 현대인들은 이질성을 여과 없이 수용해야 하는 무경계의 폭력을 당하고 있다. 부정성의 시대에 방어의 수단이 되었던 확고한 신념이나 정체성은 무한 긍정의 시대에서는 통하지 않는다.

복종적 주체가 권력구조와 장치에 자발적으로 복종했다면, 성과주체 역시 자발적인 복종의 양상을 갖고 있다. 그러나 그 복종의 대상은 자아 과잉의 신화 아래 이루어지는 '우상화된 자신'이다. 복종의 대상이 자아인 이유는 지배 권력이 더 이상 가시적으로 존재하는 것이 아니라 자신의 내면에 침투되어 있기 때문이다. 신경증적 패러다임의 장치는 더 이상 개인과 대립 관계를 세우는 것이 아니라 개인이 적대시하거나 벗어 던질 수 없는 그의 내면에 기생한다.

이 두 개의 패러다임을 보다 구체적으로 이해하기 위해서는 '장치dispositif' 개념을 알 필요가 있다. 장치는 푸코가 제시하고 아감벤과 들뢰즈가 분석, 발전시킨 개념이다. 푸코의 장치에 대한 사유는 아감벤이 『장치란 무엇인가?』에서 정리해 둔 바 있다.

> 푸코가 말하는 장치는 이미 아주 넓은 부류인데 이것을 더 일반화해 나는 생명체들의 몸짓, 행동, 의견, 담론을 포획, 지도, 교정, 차단, 주조, 제어, 보장하는 능력을 지닌 모든 것을 문자 그대로 장치라고 부를 것이다. 따라서 감옥, 정신병원, 판옵티콘, 학교, 고해, 공장, 규율, 법적 조치 등과 같이 권력과 명백히 접속되어 있는 것들뿐만 아니라 펜, 글쓰기, 문학, 철학, 농업, 담배, 항해

인터넷 서핑, 컴퓨터, 휴대전화 등도, 그리고 (왜 아니겠

는가마는) 언어 자체도 권력과 접속되어 있다.[7]

아감벤의 이러한 정의에 따르면 장치란 가시적이든 비가시적

이든, 의도하든 의도하지 아니하든 간에, 인간 주체의 행동을

특정한 방향으로 유도하는 모든 것이다. 이에 따르면 일반적으

로 우리가 전용하고 있다고 생각하는 언어도 도리어 인간을 유

도하는 장치가 된다. 결국 아감벤도 말했듯이, 주체는 생명체

들과 장치가 맺는 관계의 결과다. 주체라는 단어는 대개 자립

성이나 주인과 같은 이미지로 연상되지만 이 개념 역시 장치에

의해 포획되는 것이다. 주체라는 개념으로 포획되기 이전의 무

한한 가능성을 장치의 틀에 부어 주조한 것이기 때문이다. 앞

서 면역학적 패러다임에서의 복종적 주체, 신경증적 패러다임

에서의 소진적 성과주체를 이야기한 것도 결국 각 패러다임의

장치가 주체를 탄생시켰음을 의미하고 있다. 따라서 주체라는

개념 자체를 장치와의 관계 안에서 살펴 볼 필요가 있다.

아감벤은 푸코의 장치 개념의 원류를 그리스어 '오이코노미

---

7 조르조 아감벤, 『장치란 무엇인가? : 장치학을 위한 서론』, 양창렬 옮김 (서
   울 : 난장, 2010), 33쪽.

아_{oikonomia}'의 개념에서 찾는다.[8] 오이코노미아는 교회사의 초기에서 신학적 용어로 차용되어 속세에 대한 신의 관리를 이르는 말이 되었다. 우리가 사는 이 세계를 움직이고 있는 거부할 수 없는 통치가 곧 장치 개념의 시작인 것이다. 따라서 장치란 어떤 대상을 특정하여 가리킨다기보다 개별 제도나, 기술, 건축물, 조형물 등 '장치적인 것들'의 총합과 그 배열 양상을 말한다. 장치는 그러므로 구조적인 강제성 그 자체이다. 그것은 규정되어 있지 않은 생명들을 포획하고 타의적으로 주체화하는 역할을 한다.

그러므로 우리는 자연스럽게 물을 수밖에 없다. 장치는 누가 만드는가? 누가 인간을 주체화시키고 소진하게 만드는 것인가? 장치를 만드는 자를 없애고 유익한 의미의 장치를 만들어 낼 수 있는가? 사실 이러한 질문들은 유효하지 않다. 이러한 저항은 인간과 장치가 완전한 타자 관계일 때나 가능하다. 장치를 만드는 자는 특별한 악인이 아니라 평범한 우리 중 누군가이며, 그 사람이 없어진다고 해도 곧 대체자가 나타난다. 또한 장치는 설치한 자의 의도와 무관하게 스스로 포획할 대상을 찾

---

8 위의 책, 26-27쪽.

는다. 특히나 현대에서 장치의 배열은 누군가의 부정의와 악덕이 만들어낸 것이 아니다. 한두 개의 제도나 상황은 특정 정치권력이나 자본가의 의도가 개입할 수 있어도 이들의 관계와 배열까지 개입할 수는 없다. 그것은 나비효과처럼 전혀 의도하지 않은 변수들을 자생적으로 발생시킨다. 오늘날과 같은 신경증적 패러다임의 사회에서는 더욱 그렇다.

그렇다면 장치는 내부에 있는 것인가, 외부에 있는 것인가? 아니, 더 근본적으로 질문해 보자. '내부성interiorite'과 '외부성exteriorite'은 어떻게 결정되는가? 만약 두 개념이 서로 여집합의 관계라면 장치는 내부와 외부 중 하나에 속할 수밖에 없을 것이다. 예를 들어 장치를 부수고 새로 만들자는 주장은 장치를 외부에 있는 대상으로 여기는 관점이다. 앞에서 지적했듯 이러한 시도가 무효한 이유는 내부와 외부가 배타적인 개념이 아니기 때문이다. 내부는 외부에 의해 규정되고 외부도 내부에 의해 규정된다. 내부와 외부는 관계적 개념이다. 내부와 외부는 상대방 없이 정해지지 않으며, 둘을 나누는 기준도 모호할 뿐더러 서로 연속적으로 이어져 있다.

이렇듯 내부와 외부가 관계를 가진다는 것, 공격할 대상이 밖이 아니라 안에도 존재한다는 것이 신경증적 패러다임의 특징이다. 이 시대에서 외부를 부정해서는 세계화와 신자유주의의 행보에 발맞출 수 없다. 이러한 패러다임에서 부정하고 싶은 비체는 나의 내부에 있는 타자성이 된다. 면역학적 패러다임에서의 주체는 생존을 위해 비체를 몰아내었지만, 이제 그것은 주체의 안과 밖에 동시에 존재하며 수많은 가능성의 형태로 남아 있다. 처치 곤란한 과제들처럼 한쪽에 밀어놓았던 이질성은 터진 댐의 봇물처럼 몰려와 바다와 땅의 경계를 없애고 모두의 몸을 적셔놓는다. 무경계의 폭력과 긍정성의 과잉은 미처 부정하기도 전에 이미 주체의 몸에 스며들어 있다.

우리는 지금까지 시대의 병을 진단하고 그 원인을 장치에 돌리는 작업을 했다. 그것은 전적으로 장치에게 책임이 있어서라기보다 장치가 주체와 공생하기 때문이다. 이 장의 논의를 따라올 때 가장 중요한 것은 신경증적 장치들이 우리 삶에 실제로 작용하고 있는 양상이다. 소셜 미디어를 생각해보자. SNS 역시 하나의 장치이다. SNS와 스마트폰의 보편화는 우리의 삶을 일정한 형식으로 유도한다. 업무에서나 사생활에서나 직접 만나는 회수나 전화는 줄어들고 텍스트나 영상 등 온라인 통신이 소통의 기본 방식이 되었다. 일일이 안부를 물어가며 인간관계를 유지하는 것이 아니라 지인이 불특정다수에게 공개한 게

시물만을 확인하는 방식으로 서로의 안부를 확인한다. 공개된 웹에서 자세한 얘기를 나눌 수 없으니 적당한 반응_{Facebook의 '좋아요' 기능이 대표적이다}으로 우정의 표시를 대신한다. 이로 인해 불특정 다수의 신상이 갑자기 공공에게 노출되기도 한다. 사용자의 정보는 출신 지역부터 학력, 경우에 따라서는 위치정보까지 소셜 미디어에 저장된다. 장치로 인한 이러한 현상에 대해 백욱인은 푸코의 말을 빌려 "우리는 인터넷이란 감옥의 공짜 서비스를 받는 죄수들이다."[9]라고 덧붙였다.

스마트폰의 보편화와 함께 가장 두드러지는 현상은 영상 콘텐츠의 대량 생산과 소비이다. 비디오계에 살아가는 우리는 삶에서 느껴야 할 생생한 경험들을 영상의 몫으로 돌린다. 연인과 하는 스킨십은 심드렁할지라도 드라마의 선남선녀들이 손이라도 잡으면 가슴이 터질 듯이 뛴다. 1년 만에 만난 친구의 근황에는 별 관심이 가지 않지만 오랜만에 방송에 복귀한 연예인의 에피소드는 그렇게 흥미진진할 수 없다. 자신의 하루는 무미건조하게 보낼지라도 방송 프로그램에는 생생한 리얼리티를 요구하는 것이 시청자들의 욕망이다.

---

9   백욱인, 『인터넷 빨간책 : 디지털 시대, 가축이 된 사람들을 위한 지적 반동』, (서울 : 휴머니스트, 2015), 196-197쪽.

푸코는 특별히 장치가 어떻게 권력과 연결되어있는지에 주목한다. 권력은 부를 지향하며 장치를 통해 그것을 달성하려 한다. 장치의 배열을 살펴서 그 정점에 어떤 권력이 부를 축적하고 있는지를 살피라는 것이다. 이 욕망의 장치에 나는 어떻게 자발적으로 복종하고 있는가? 나의 행위는 장치들의 배열에 어떻게 연관되고 기여하고 있는가? 아감벤은 푸코보다 더 적극적이다. 아감벤은 장치의 발견에서 그치는 것이 아니라 장치를 세속화할 것을 주장한다. 장치를 소유하기 위해서는 장치를 생산해내는 코드가 필요하며 그것은 과학적 지식 등의 전문적인 지식 체계이다. 그것을 독점하고 있는 권력이 부를 축적하고 있다면 그 코드를 개방하여 대중들에게 공유하자는 것이다. 그러면 대중들은 스스로 장치를 생산하며 권력의 독점을 막을 수 있을 것이다. 아감벤은 위에서 언급한 『장치란 무엇인가?』에서 권력에 연관된 장치를 부정하고 대중이 장치를 소유하고 생산해내자고 주장한다.[10] 하지만 이것은 지나치게 이상적인 주장일 수 있다. 기존 장치를 무력화시킬 정도의 장치를 생산하기 위한 코드를 학습할 수 있는 대중은 극소수일 것이다. 또한 시

---

10 조르조 아감벤, 『장치란 무엇인가? : 장치학을 위한 서론』, 양창렬 옮김 (서울 : 난장, 2010), 39-40쪽.

스템을 무화시킬 정도의 노력이 축적되는 데에는 긴 시간이 걸릴 것이다.

들뢰즈는 아감벤의 주장이 푸코 못지않게 실체주의적이라고 비판한다. 아감벤의 주장에는 특정 권력이라는 대상이 이미 전제되어 있다는 것이다. 아감벤 역시 안과 밖이라는 이원적인 면역학적 구도에서 벗어나지 못하고 있다. 반면 들뢰즈는 장치의 배열을 살피되 그 배열이 가리키는 어떤 권력집단을 찾으려 하는 것이 아니라 장치가 포획하지 못하는 새로운 영역을 발견해낼 것을 주장한다. 들뢰즈의 '탈영토화'는 장치의 배열을 파괴하거나 새로운 배열을 만드는 것이 아닌 장치에 '구멍 내기' 전략이다.[11] 장치가 포획하지 못하는 구멍은 우리가 생생하게 살아있을 수 있는 영토이다. 그것은 야훼의 택한 백성들이 자신들을 노예화하는 우상의 땅 애굽에서 탈출하여 약속의 땅으로 가는 여정이라 할 수 있다.

야생의 아이, 창조의 놀이터

그렇다면 장치에서 벗어난 주체의 모습은 어떤 형상일까? 니

---

11 질 들뢰즈·펠릭스 가타리, 『천 개의 고원』, 김재인 옮김 (서울 : 새물결, 2002).

체는 주권적 초인으로 답한다. 니체의 '초인'은 독일어 '위버멘쉬Übermensch'를 번역한 말로서 니체의 『차라투스트라는 이렇게 말했다』에 나타난 근본사상을 압축적으로 설명한 용어이다. 일반적으로 초인은 인간의 불완전성이나 제한을 극복한 이상적 인간理想的 人間을 일컫지만, 니체의 사상 속에서 풀어 설명하자면 초인은 인간이 자기를 초극해 나아가야 할 목표로서, 영겁永劫으로 회귀回歸하는 운명을 참고 신을 대신하는 모든 가치의 창조자로서 풍부하고 강력한 생生을 실현한 자를 말한다. 니체는 '신이 죽은' 텅 빈 세계, 발 딛고 설 땅이 사라진 폐허에서 새로운 신을 만드는 대신 어린아이를 탄생시켰다. 그에게 '초인'은 낙타와 사자의 단계를 거쳐 스스로 규칙을 만들고 행하는 존재로, 낡은 문명에서 해방된 자유로운 영혼, 우상 없이 자족하는 존재, 스스로 생성하며 즐거워하는 어린아이다. 이 어린아이는 삶을 유영하며 순수한 긍정과 놀이로서 살아가는 인간의 표상이라 하겠다.

니체의 비유 속에서, 낙타적인 주체는 무거운 짐을 지며 살아가는 복종적 존재이다. 이 "짐 꽤나 지는 정신"은 더 없이 무거운 짐들을 마다하지 않고 짊어진다. 낙타는 억압 속에서 소진하는 주체의 모습이다. 그런데 낙타를 박차고 사자의 주체가 등장한다. 울부짖는 사자의 주체는 이 세계가 낙타를 위한 것이 아니라 제국적 소수의 이익을 위해 봉사하고 있는 세계라는 것을 알 때 탄생한다. 낙타는 더 이상 이유 없이 짐을 지려고 하지 않는다. 그는 길들여지지 않는 사자가 되어 짐을 지우는 모든 것들을 부정하고 저항한다. 그리고 자유를 쟁취해낸다. 그러나 그 자유는 무엇을 향한 자유인가? 니체는 사자의 다음 모습, 자유로운 주체에 대해 계속해서 설명한다. 이 주체는 사자보다 더 거대하고 힘이 센 모습이 아니다.

> 그러나 말해보라, 형제들이여. 사자조차 할 수 없는 일
> 을 어떻게 어린아이는 해낼 수 있는가?[12]

  어린아이는 저항하고 부정하는 사자가 할 수 없는 일을 해낸다. 사자는 부조리한 현실을 인식하고 사유하지만, 어린아이는 이 인식의 영역을 초월하여 세계를 망각한다. 어린아이는 옛 세계의 기억을 망각한 자만이 누릴 수 있는 새로운 시작이며, 창조이며, 놀이다. 그것은 스스로의 힘에 의해 돌아가는 바퀴이

---

12 프리드리히 니체, 『차라투스트라는 이렇게 말했다』, 정동호 옮김 (서울 : 책
   세상, 2000), 40쪽.

며 최초의 운동이자 거룩함이다. 이 아이는 지배받지도 의존하지도 않으며 지배받는 자에게 저항하기 위한 과제를 달성하려 하지도 않는다.

니체의 어린아이가 마냥 수줍고 천진하기만 한 존재가 아니라 초인의 상징이라는 것은 낙타와 사자의 단계를 거치는 상승-대립구도를 통해 알 수 있으리라. 그러나 바로 이 구도로 인해 한 인간에게는 광활한 언어로 다 채우지 못하는 야생의 사자가 가진 포효와, 세계에 필요한 존재로 길들여지는 낙타의 절망이 공존한다는 사실이 망각된다. 스스로 낙타와 사자에게서 고립된 아이는 니체가 초인의 상에서 추구했듯이 구질구질하고 연약한 타자들에게서 분리되어버리고 고통과 분노를 이해하고 나누는 세계와 차단되어 버린다. 구쉬Todd A. Goosh는 니체가 말하는 초인과 생의 철학이 신체험의 원형이 가진 양면 중 한쪽만 극대화한 것이라고 분석한다[13]. 즉 십자가의 고통으로 대변되는 전율의 특성을 부정하고 생기와 황홀감, 고양감만을 극대화했다는 것이다. 압도적이며 두려우며 경외감을 불러 일으키는 전율의 면모와 달리 매혹은 디오니소스적 감각을 일으키며

---

13 Todd A. Gush, *The Numinose and Modernity: An Interpretation of Rudolf Otto's Philosophy of Religion* (2000), p.146-149.

기쁨과 열광과 도취된 황홀감을 불러 일으킨다. 사실, 십자가의 전율과 부활의 매혹은 면역학적 대립이 아니라 쌍둥이 형제의 다른 얼굴이다. 서로는 서로에 의해 존재하고 서로의 안에 존재하는 내적 속성이다. 니체의 초인은 신성에서 부정의 얼굴을 제하여 버린 것으로 긍정의 얼굴만을 극대화 한 것이라고 할 수 있다.

낙타-사자-어린아이의 단계는 상승형 계단이 아니다. 어린아이는 비록 은폐되어 있을지라도 낙타와 사자 안에 있다. 낙타로 상징되는 현실과 율법의 무거운 짐은 함부로 버릴 수 없는 생의 엄숙함을 대변한다. 법을 따라야 한다는 무거움, 현실을 책임져야 하는 무거움에서 인간은 필연적으로 절망에 빠지게 된다. 로마서 7장에서 바울의 고백처럼, 이 절망은 자기 부정을 낳는다. 놀라운 것은 이 실존적 고뇌와 처절한 절망이 바로 아이를 탄생시키는 계기라는 것이다. 내 안의 숨은 생명의 아이, 그것은 숨어있고 은폐되어 있던 신이 절망의 계기를 통해 탄생된 것이다. 낙타는 짐 꽤나 지는 실존의 처절함 속에서 신의 아이를 발견한다. 이 아이는 강한 자, 약한 자와 십자가를 경멸하는 초인이 아니라, 아버지와의 관계 안에서 새로이 탄생한 생명의 아이다. 아주 잠깐만이라도 우리의 문제가 아닌 다른 이의 문제에 감응할 수 있는 가능성이 여기에 있다. 그것은 연민이나 동정같은 감수성이 아니다. 오히려 내 안에 낙타와 사자가 있고 그 안에 새로운 생명을 담지한 어린아이가 있다는 사실, 나와 너가 분리되어 있지 않기에 나올 수 있는 진실한 몰입이다. 그것은 낙타 안에 있지만 낙타가 지고 있는 짐을 망각하는 천진함이며, 사자 안에 있지만 스스로 빛과 어둠을 나누어 판단하고 분노하며 세계를 지배하고자 하는 욕망에서도 벗어난 순결함이다.

　신화학자 캠벨Joseph Campbell은 『신화와 인생』에서 말한다. "여러분이 어렸을 때 하던 일, 시간을 초월하게 만들고 시간을 잊어버리게 만든 것은 무엇인가? 바로 거기에, 우리 삶에 깃든 신화가 자리 잡고 있다."[14] 사람들은 어린 시절 아무 목적도 없이 즐거워하던 놀이가 바로 자기의 본질이었음을 깨닫는다. 캠벨은 우리 모두가 천복의 삶을 살아야만 하는데 천복이 무엇인지 분별하기 위해서는 "신성한 공간", 즉 방해받지 않는 상념과 서두르지 않은 여백의 공간이 필요하다고 말한다. 그것은 아무 장치에도 잡히지 않는 무의 공간이며 고통에도 불구하고 그보

14　조셉 캠벨, 『신화와 인생』, 박중서 옮김 (서울 : 갈라파고스, 2009), 260쪽.

다 더 나은 일상을 꾸리기 위한 성소이다.

> 오늘날 신성한 공간은 누구에게나 절대적인 필요성을
> 지닙니다. 단 하루 혹은 단 한 시간만이라도 조간신문
> 에 무슨 얘기가 실렸는지, 친구들이 누구이며 무엇을
> 빚졌는지 알지 못하는 여백과 망각의 시간이 반드시 필
> 요합니다. 이는 자신이 무엇이 될지 그저 경험하고 이끌
> 어내는 장소로서의 여백입니다. 창조를 위한 산실입니
> 다. 첫눈엔 아무 일도 일어나지 않을 듯 싶을지 모릅니
> 다. 그러나 신성한 공간을 찾아내어 머문다면, 결국 무
> 슨 일이든 일어나게 됩니다.[15]
>
> 조셉 캠벨, 『신화의 힘』

천복의 공간은 어린아이로서 놀 수 있는 야생의 영역이다. 이
공간은 낙타와 사자의 영토 안에서도 제국의 주인인 용dragon이
만들어 낸 장치에 포획당하지 않는다. 아이는 스스로 만든 놀
이를 통한 잉여의 에너지가 있기 때문에 편협한 반쪽의 세계에

---

15 조셉 캠벨, 『신화의 힘』, 이윤기 옮김 (서울 : 이끌리오, 2002), 179쪽.

침몰당하지 않으며, 낙타와 사자가 함께 공존할 수 있는 충만한 균형의 세계를 만든다.

어린아이라는 천진한 메타포에도 불구하고, 이는 피 흘리는 자기와의 전쟁이다. 한병철이 말했듯, "착취자는 동시에 피착취자"[16]이기 때문이다. 전선戰線은 다른 어느 곳도 아닌 자기 안에서 이루어지고 있기 때문에 착취당하는 나는 착취하는 나와의 전쟁을 치러야 한다. 나를 착취하는 낙타의 장치도, 저항하고 분노하느라 소진하는 사자의 장치도 바로 내 안에 도사리고 있다. 스스로 장치에 복종하게 만드는 내면의 원천을 세밀하게 발견해야 한다. 무엇보다 장치에 의해 주체화되기 이전의 생명력과 야생성을 가진 놀이하는 아이를 그 안에서 불러와야 한다. 그것은 어떤 선의의 타자에 의해 소환되는 것이 아니라 그 도움을 받아 스스로 자기 안에서 찾아내는 일이다. 세계는 장치에 포획당한 자들의 슬픔이 가득하지만 우리는 바로 그 장소에서 기쁨을 발견하고 그것으로 놀이를 하며 고통 많은 세계의 손을 잡을 수 있다.

---

16 한병철, 『피로사회』, 김태환 옮김 (서울 : 문학과 지성사, 2013), 29쪽.

모든 삶은 슬픔으로 가득하다. 정말 그렇다. 여러분이 슬픔을 바로잡으려고 노력한다면 여러분은 그 슬픔을 어디론가 다른 곳으로 옮겨놓기만 하면 된다. 삶은 슬픔으로 가득하다. 그런 삶과 함께 어떻게 '더불어' 살아갈 것인가? 여러분은 자기 자신 속에 있는 영원을 자각한다. 여러분은 해방되고 다시 속박된다. 여러분은 바로 여기서 아름다운 공식이 나오는데, 이 세상의 슬픔에 기쁜 마음으로 참여한다. 여러분은 게임을 하는 것이다. 상처를 입을 수도 있지만 여러분은 어떤 손상이나 성취조차 초월하는 장소를 발견했음을 알고 있다. 여러분은 바로 거기에 있다. 그것으로 충분하다.

-조셉 캠벨, 『신화와 인생』[17]

신경증적 패러다임에서 권력은 주체가 다룰 수 있는 실체가 아니다. 적은 내 안에 있고, '나'들의 관계망 속에도 흐르고 있다. 이런 패러다임 속에서 종교는 세속과 구분된 영역이 아니다. 오히려 세속 한가운데서 장치를 초월할 수 있는 힘이자 낙

---

17 조셉 캠벨, 『신화와 인생』, 박중서 옮김 (서울 : 갈라파고스, 2009), 171쪽.

타와 사자 속에서 어린아이의 영역을 창조케 하는 잉여의 터전
이어야 한다. 종교의 현실이 사회에서의 규율, 제도를 그대로
차용하고 있다면, 종교는 오히려 하나의 장치로 기능하고 있는
것이다. 장치는 종교의 신성 영역을 유사-중독의 형태로 주체
들에게 제공한다. 종교체험에 있는 누멘numen적인 요소, 누미
노제numinose란 신적인 것과 만날 때의 황홀함을 의미하는데, 현
대는 이 경험마저 장치화하여 소비의 도구로 만든다. 스릴, 섹
스, 엑스타시, 알코올 등 감각적으로 사람들을 중독시키는 것
이 그것이다. 그러나 진정한 종교는 이 장치에 틈을 내어 신성
의 영역으로 사람들을 이끈다.

 그 신성의 영역에는 놀이하는 야생의 아이가 있다. 이 아이
는 촘촘하게 짜인 장치의 그물망을 빠져나가 자유롭게 놀이하
는 아이, 점점 획일화 되어가는 세계 속에서 새로운 기억을 창
조하는 아이다. 이 아이는 자신의 본래성을 회복한 진정한 주
체이기에, 자아를 부추겨 우상적 주체로 사느라 삶을 소진하지
않는다. 오히려 이 아이는 살아있는 공동체의 한 지체로서 자
기 비허를 통해 우상화된 자기를 극복한다. 아이는 장치 속에
세계에서 살던 기억을 마치 그것이 존재하지도 않았다는 듯이
망각하며, 끊임없이 새로운 직조를 시작한다. 이는 정신의 벼랑

끝에서 기꺼이 한 발짝을 더 내딛는 일이다. 그렇게 탄생된 아이는 어른들의 관념과 가짜 욕망이 만들어 낸 장난감에 현혹되지 않는다. 아이는 이미 자기만의 놀이를 창조하고 있기에, 인위적 장난감을 필요로 하지 않기 때문이다. 그 놀이 속에서 웃는 아이는 이 세계에 생기를 불어넣으며 세계를 활기찬 놀이터로 만들 것이다.

농담하기란 자신의 현존을 그 자체로 정당한 것으로 받아들인 후에 얻게 되는 삶의 긍정이다. 낙천주의가 아니라 비애를 디딘 자의 긍정이다. 내 삶에 자신의 현존과 고통, 비극을 정당한 것으로 받아들인다는 것은 노예처럼 사는 것을 뜻하지 않는다. 내가 저항할 수 있는 주체가 되어 잠재적 희망이 내 안에 있다는 것을 발견하는 것이다.

2

비극을 견디고 주체로 농담하기

나는 사랑한다.
상처를 입어도
그 영혼의 깊이를 잃지 않는 자를.

- 프리드리히 니체, 『차라투스트라는 이렇게 말했다』

그리스 비극은 두 가지 패러다임을 동시에 보여준다. 첫째는 면역학적 대립으로, 인간의 운명을 극복하고자 애쓰는 자유 정신을 가진 주체들이 벌이는 대립과 갈등이다. 둘째는 신경증적 내재로, 그럼에도 불구하고 명백히 분리할 수 없는 양가적 실존과 고통 앞에서의 연민이다. 당시 그리스 3대 비극 시인인 아이스킬로스Aeschylus, 소포클레스Sophocles, 에우리피데스Euripides의 작품들은 플라톤Platon이나 아리스토텔레스Aristoteles의 철학보다 훨씬 널리 알려졌으며 보다 큰 영향력을 갖고 있었다. 그리스 비극이 문화와 정치의 중심 역할을 하게 된 것은 아테네의 주도로 헬라스 도시국가 연합체가 페르시아를 기적적으로 이긴 페르시아 전쟁기원전 492~448년 이후이다. 아테네는 비극을 민주 정치의 중요한 수단으로 사용했다. 왜 하필 비극이었을까? 비합리적인 비극이 합리적 정치체계를 꽃피우는 일에 어떻게 기여할 수 있었을까?

답은 삶의 역설과 민낯, 적나라한 내면을 그대로 보여주는 해부성이다. 비극 공연은 도시 국가라는 공동체 전체를 대표하는 디오니소스 축제에서 행해졌다. 기원전 415년에 공연된 에우리피데스의 『트로이아의 여인들』에서 볼 수 있듯이 비극은 아테네의 치부라 할 수 있는 멜로스 섬 학살사건을 연상시키는 내용까지도 거리낌 없이 담고 있었다. 즉, 그리스 비극은 피할 수 없는 운명과 마주선 인간을 가감없이 보여 준다. 그리고 운명적 고통 속으로 뛰어드는 주인공의 모습은 관객으로 하여금 깊은 연민으로 빠져들도록 하며 피할 수 없는 실존의 삶을 살아가는 인간을 총체적으로 보여준다.

오레스테이아, 선악구조를 넘어선 대립과 연민

『오레스테이아』Oresteia 3부작[1]은 구세계를 대표하는 복수의 여신들과 제우스를 중심으로 한 질서 잡힌 올림포스 신들의 대결, 운명과 자유 의지, 선과 악, 공과 사 등 대극의 갈등 양상들을 극명하게 보여준다. 줄거리는 이렇다. 그리스 도시 국가 중 하나인 아르고스Argos에서는 형인 아트레우스와 동생인 티에스테스가 왕위 계승을 둘러싼 암투를 벌이고 결국 아트레우스가 왕위에 오른다. 동생 티에스테스는 앙심을 품고 아트레우스의 처인 형수와 정을 통한다. 이를 알게 된 아트레우스는 티에스테스의 두 아들을 몰래 죽인 후 티에스테스를 궁중 잔치에 초

---

1 아이스퀼로스, 『오레스테이아 3부작』, 김기영 옮김 (서울 : 을유, 2015). 『오레스테이아 3부작』은 고대 그리스 비극작가 아이이스킬로스의 비극『아가멤논』,『제주를 바치는 여인들-코이포로이』,『자비로운 여신들-에우메니데스』로 구성되어 있다.

대해 그 시신으로 끓인 국을 대접하여 모욕을 주고 티에스테스를 추방한다. 티에스테스는 와신상담 끝에 아트레우스를 죽여 복수했으나, 아트레우스의 아들 아가멤논이 다시 티에스테스를 죽여 복수하고 왕위에 등극한다.

아가멤논은 트로이 전쟁 시 그리스 연합군 총사령관으로 자신의 동생인 스파르타의 왕 메넬라오스가 부인 헬레네를 트로이 왕국의 파리스 왕자에게 빼앗기자 그리스 연합군을 총동원하여 트로이로 원정을 떠난다. 그런데 항해를 하던 중 그리스 선단이 폭풍우를 만나게 되고, 자신의 큰딸 이피게네이아를 제물로 바쳐 무사히 빠져 나온다. 간신히 트로이에 당도한 그리스군은 10년 동안 적을 함락시키지 못하다가 목마 전술을 사용하여 승리한 후 다시 아르고스로 돌아온다. 하지만 승리의 기쁨도 잠시일 뿐, 개선하여 돌아온 날 아가멤논은 자신의 아내인 클리템네스트라에 의해 죽임을 당한다. 왕비 클리템네스트라는 티에스테스의 셋째 아들인 아이기스토스와 공모하여 아가멤논을 살해했는데, 오랫동안 집을 비운 채 전쟁터에 나간 남편에 대한 원망과 큰딸인 이피게네이아를 제물로 바쳐 죽인 것에 대한 분노 때문이었다.

이 비극에서 주요 인물들은 각각의 정의를 대변한다. 서로의 정의는 충돌하고 관계는 대립의 극단으로 치닫는다. 아가멤논은 국가의 승리를 추구하며 자신의 딸을 제물로 바치는 등 공公을 위해 사私를 희생하는 인물인 반면, 클리템네스트라는 사私를 상징한다. 그녀가 공公으로 대변되는 남편을 죽인 까닭은 딸의 죽음에서 비롯된 분노, 자신이 10년 동안 외롭고 두려운 나날을 보낸 것에서 비롯된 복수심과 연결된다.

왜 이렇게 비극은 극단의 대립을 보여주고 있을까? 클리템네스트라와 코러스의 대화를 들어보면 그녀는 아가멤논을 죽인 일을 한 치도 후회하지 않는다. 오히려 자신이 한 행위의 정당성을 끝까지 내세우며 치열한 대립 한쪽에 선다. 이러한 대립은 얼핏 비극을 단순한 것으로 보이게 한다. 그러나 그리스 비극의 탁월함은 쉽게 선악의 이분 구도로 몰아가지 않는 것에 있다. 아무것도 명증하지 않으며 선악 구도 역시 상투적이지 않다. 만약 비극이 보여주는 대립이 쉽사리 해소되는 것이었다면 이야기의 결말은 값싼 자기위안에 그쳤을 것이다. 또한 아테네가 비극에 대한 계속적인 탐구와 질문의 과정을 통해 공동체적으로 정치를 만들어가는 과정이 쉽지는 않았을 것이다.

결국 그리스 비극의 지혜는 화해를 지향하면서도 대립이 해소되는 지점을 이분법적으로 해결하지 않는다는 점에 있다. 결코 선택이 쉽지 않음에도 불구하고 이러한 갈등을 맞아들이고 수용하는 인간 주체의 위대함이 있다. 전쟁을 나서는 함대를 위해 딸이 희생양이 되는 것을 그 어떤 어머니가 이해할 수 있겠는가? 십 년이나 생사를 모르는 남편에 대한 그리움과 불안, 원망을 인내할 수 있는 아내가 또한 몇이나 되겠는가? 그렇다고 자신의 남편을 죽이는 선택을 어찌 쉽게 결정 내렸겠는가? 어떤 결정을 하더라도 그녀는 대립과 갈등을 맞이할 수밖에 없으며 자신의 결정을 책임져야 한다.

> 그리고 그는 단검처럼 날카롭게 피를 내뿜으며
>
> 피 이슬의 검은 소나기로 나를 쳤소.
>
> 그래서 나는 이삭이 팰 무렵 제우스의 풍성한 비의 축복을 받아
>
> 기뻐하는 곡식 못지않게 기뻤소.
>
> 나는 이 일을 자랑스럽게 여기오.
>
> 그리고 시신에 제주를 뿌리는 것이 격식에 맞는다면,
>
> 이러한 내 행동은
>
> 정당하다 할 것이오. 정당하고 말고요.
>
> 이 사람은 집 안에 그토록 많은 저주스런 악으로 잔을 채워놓고는

이제 귀국하여 스스로 그 잔을 비우고 있으니 말이오.

- 『아가멤논』 1389행 이하[2]

하지만 그대는 여기 이 사람이

트라케의 바람을 잠재우기 위해 내 산고의 소중한 결실인

그 자신의 딸을 제물로 바쳤을 때는 잠자코 있었소.

탐스런 털을 가진 수많은 양 떼 중 한 마리가 죽는 양

그는 제 자식의 죽음을 대수롭지 않게 여겼소.

부정한 짓을 한 대가로 이 나라에서 추방했어야 할 사람은

바로 이 사람이 아니겠소? …

그대가 힘으로 나를 이긴다면 그대가 나를 지배하게 되겠지만,

신께서 그와 반대되는 결정을 내리신다면

그대는 늦게나마 겸손이 무엇인지 배우게 될 것이오.

- 『아가멤논』 1414행 이하[3]

---

2   아이스퀼로스, 『오레스테이아 3부작』, 김기영 옮김 (서울 : 을유, 2015), 74-75쪽.
3   아이스퀼로스, 『오레스테이아 3부작』, 김기영 옮김 (서울 : 을유, 2015), 75-76쪽.

이 비극을 통해 시인이 말하려는 것은 누가 옳고 누가 그른가 하는 문제가 아니다. 섣부른 화해의 결말도 아니다. 갈등과 대립은 섣불리 해소되지 않은 채 극단을 향해 치닫고, 비극을 향한 질문과 탐구는 늦게나마 겸손을 배울 개인의 몫으로, 함께 문제를 해결해 나갈 공동체의 몫으로 남겨진다.

정작 이 갈등의 한 가운데서 번민은 아가멤논의 아들인 주인공 오레스테스의 몫이다. 그는 외가인 포기스에서 부친인 아가멤논의 피살 소식을 듣고 고뇌한다. 도대체 누가 적이고 누가 동지인가? 누가 선이고 누가 악이며, 누가 옳고 누가 그른가? 그는 아버지의 원수를 갚아야 마땅하나 자신이 복수해야 하는 대상은 바로 자신의 친어머니이다. 이렇게 번민하는 오레스테스에게 지혜와 정의를 상징하는 아폴론 신은 사사로이 정에 끌리지 말고 복수를 해야 한다고 부추긴다. 그리하여 오레스테스는 몰래 왕궁에 들어가 어머니인 클리템네스트라와 아이기스토스를 모두 죽인다. 그러나 오레스테스는 왕위에 오르지 못하고 어머니의 망령과 아르고스의 복수의 여신들에게 패륜아로 쫓기는 신세가 된다. 더 이상 갈 곳이 없던 오레스테스는 마지막으로 아테네의 수호신인 아테나 여신을 찾아가 자신의 처지를 부탁한다. 이때 아테나 여신은 아테네 시민들을 배심원으로 삼아 의견을 묻는다. 그 결과 오레스테스는 아테네의 시민이 되어 살 수 있게 된다. 한편 오레스테스의 뒤를 쫓던 복수의 여신들은 자신들이 소명을 다하지 못했기 때문에 아르고스로 돌아갈 수 없다고 사정한다. 이에 아테나 여신은 이들을 자비로운 여신들로 바꾸어 아테네에서 같이 살도록 판결을 내린다.

이 비극의 주인공인 오레스테스는 너무나 인간적인, 그리고 역설적인 운명을 상징한다고 볼 수 있다. 그는 사적으로는 자신을 낳아준 어머니를 죽여야 하는 저주받은 운명이다. 그러나 공적으로는 무너진 국가를 되살릴 수 있는 축복의 기회를 가진 자이기도 하다. 딸아이의 원수를 갚기 위해 남편을 죽인 어머니와 아버지의 복수를 위해 어머니를 죽인 아들, 누가 더 정당하다고 할 수 있을까? 비극은 그가 아가멤논처럼 왕위에 오르지도 못하고, 복수의 여신들에게 쫓기며 아테나 여신의 법정에 가서야 겨우 목숨을 부지하게 된 슬픈 인간이라는 것에 있다.

해결의 실마리가 아테나 여신과 아테네로 상징되어 나타나는 것을 주목하라. 지혜로운 아테나 여신은 오레스테스와 복수의 여신들 중 누구의 편도 들지 않는다. 아무 것도 분명하게 판단할 수 없지만 이 혼돈 속에서 새로운 희망을 찾을 방도를 모색한다. 여신은 홀로 판단하지 않고 아테네의 시민들에게 의견을 물어보지만 아테네 시민 배심원들도 동수로 판결하여 그 둘 중 어느 편도 들지 않는다. 해결은 더불어 살아가면서 일어난다. 대립각 속에 숨었던 거울들을 바라보며 그것이 나의 얼굴이었음을 이해하고 견디는 과정 속에서 말이다. 아테나의 여신은 오레스테스와 복수의 여신들을 모두 아테네에서 살 수 있도록 배려함으로써 대립된 양자 간의 화해를 시도한다.

명증할 수 없는 '절뚝거리는 영웅'

오이디푸스Oedipus에 관한 비극은 『오이디푸스 왕』 3부작이 대표적이다. 오이디푸스는 테베의 라이오스 왕과 그의 아내 이오카스테 사이에 태어났으나 기구한 운명 탓에 친부모가 누구인지도 모른 채 살아가게 된다. 라이오스 왕은 한때 엘리스의 펠로프스 왕의 궁궐로 망명한 적이 있는데 거기서 크리시포스 왕자와 동성애에 빠지게 된다. 이를 알게 된 펠로프스 왕은 라이오스 왕에게 "너는 자식을 낳아서는 안 되며 만약 아들을 낳으면 그 손에 죽게 될 것"이라는 저주를 내린다. 테베로 돌아와 왕위에 오른 라이오스 왕은 오랫동안 자식이 없다가 아들을 낳게 되는데 저주를 두려워하여 왕비에게 아기의 발목을 단단히 묶어 죽이라고 명령한다. 왕비는 다시 양치기에게 오이디푸스를 죽이도록 명령하지만 부하는 아기를 차마 자기 손으로 죽이진 못하고 그냥 발을 꿰뚫어서 어느 산의 나무에다가 거꾸로 매달아 놓았다. 그런데 하필이면 그 산이 국경 근처라서 코린토스의 양치기가 이 아이를 발견해 자식이 없던 코린토스의 왕 폴뤼보스에게 데려가 아이는 왕의 양자가 된다. 그는 발견되었을 당시 발의 상처 때문에 발이 부어 있었기 때문에 '곪은$_{oidein}$ 발$_{pod}$'을 의미하는 이름, 오이디푸스라는 이름을 얻게 된다. 양치기는 차마 아이를 죽일 수 없어서 코린토스의 왕 폴리보스에게 오이디푸스를 입양시키고, 아이를 죽였다고 거짓 보고를 한다.

폴리보스 왕을 친아버지로만 알고 살던 오이디푸스는 청년 무렵 어느 점술가로부터 "너는 친부를 죽이고 친모와 간통할 운명을 타고 났다."라는 이야기를 듣고 양부모를 위해 떠나기로 결심한다. 운명을 피하려고 방랑길에 오른 오이디푸스는 기막히게도 테베로 가는 중에 생부인 라이오스 왕과 마주친다. 오이디푸스는 누가 먼저 길을 지나갈 것인가를 놓고 라이오스와 다투다가 결국 자신의 아버지를 죽이게 된다. 이때 테베엔 라이오스 왕이 갑자기 죽고 없는 상태에서 스핑크스라는 괴물이 나타나 길을 막고 있었다. 오이디푸스는 스핑크스의 수수께끼를 풀고 하루아침에 테베의 영웅이 되어 왕위에 오른다. 또한 선왕의 왕비인 이오카스테와 결혼하여 결국 비극적 예언이 그대로 실현된다.

오이디푸스는 자신의 출생의 비밀을 모른 채 이오카스테와의 사이에서 폴리네이케스, 에테오클레스, 안티고네, 이스메네 2남 2녀를 낳고 산다. 그러던 어느 날 테베에 재앙이 찾아온다. 흉년이 들고 작물이 자라지 못하고, 역병이 돌며, 여인들이 잉태하지 못하게 된 것이다. 델포이 신전의 신탁은 선왕을 죽인 자가 버젓이 테베를 활보하고 있어서 신들이 재앙을 내린 것이라 했다. 살인범을 찾던 오이디푸스는 테베의 유명한 예언가 테이레시아스를 불러 점을 치게 하는데 예언가는 도리어 범인을 찾지 말라 충고한다. 하지만 오이디푸스는 수소문 끝에 자기를 갖다버린 양치기를 찾아내 심문하고 모든 진실을 알게 된다.

충격에 휩싸인 이오카스테는 자살하고, 오이디푸스는 그 시체 옆에서 "무엇 때문에 내 눈으로 보아야 하나"라고 탄식하면서 왕비의 옷에 달린 황금 브로치로 두 눈을 찔러 장님이 된다. 테베 사람들은 장님이 된 채 방랑길에 오른 오이디푸스를 향해

돌을 던진다. 오이디푸스의 곁에는 큰딸 안티고네만이 따르며 장님인 아버지를 헌신적으로 뒷바라지 하는데 그 둘은 결국 아테네 왕 테세우스의 도움으로 아테네 근교 콜로노스에 정착한다. 그곳은 '월계수와 올리브, 포도 덩굴이 무성해서 수많은 꾀꼬리들이 그 속에서 우는 소리가 음악을 이루는 곳'이다. 테베에선 왕위를 둘러싸고 장남 폴리네이케스와 차남 에테오클레스가 다툼을 벌인다. 이때 외숙부인 크레온의 지지로 에테오클레스가 왕위에 오른다. 쫓겨난 폴리네이케스는 테베와 적대관계인 아르고스와 동맹을 맺고 테베로 쳐들어간다. 이때 신탁은 두 아들 중 아버지인 오이디푸스가 편을 들어주는 사람이 승리할 것이고, 만약 누구의 편도 들지 않으면 모두 죽을 것이라고 예언한다. 이에 두 아들은 뒤늦게 아버지를 끌어들이려 애쓰지만 오이디푸스는 자신을 내쫓고 권력다툼에만 골몰한 두 아들 중 어느 누구의 편도 들지 않는다. 대신 마음의 안정을 찾게 해준 콜로노스에 계속 머물다가 자연 속에서 홀연히 사라져 아테네의 수호신이 된다.

한편 전쟁터에서 마주친 오이디푸스의 두 아들은 예언대로 모두 전사한다. 그러자 테베에선 크레온이 정권을 장악하고 다시 질서를 찾는다. 크레온은 정통성이 있는 에테오클레스를 후히 장사지내는 한편, 국기를 흔든 폴리네이케스는 역적으로 취급하여 까마귀 밥 신세가 되게 한다. 이 소식을 전해들은 안티고네는 국법을 어기면서까지 오빠인 폴리네이케스를 장사를 지낸다. 크레온은 국법을 어긴 안티고네를 어두운 무덤 속에 가둠으로써 국가의 위신과 국법의 존엄함을 세우려 한다. 이때 크레온의 아들이자 안티고네의 약혼자인 하이몬은 처사가 부당하다는 것을 지적하여 안티고네의 방면放免을 허락받는다. 하이몬은 이 사실을 알리려고 말을 달려 안티고네에게 간다. 그러나 그녀는 이미 목을 매 자살한 후였고, 절망한 하이몬은 안티고네의 곁에서 자살한다. 그리고 이 소식을 접한 하이몬의 어머니이자 크레온의 아내인 에우리디케 역시 아들의 죽음을 서러워하며 자살하고 만다.

오이디푸스는 자신이 누군지도 모른 채 태어나 자유의지로 필연을 찾아가는 역설적 인물이다. 그는 자신도 모른 채 죄를 저지른다. 운명을 벗어나고자 하는 그의 행위는 도리어 필연의 조각을 채워가는 퍼즐 맞추기가 된다. 오이디푸스에게 자유는 자신에게 가해지는 필연의 폭력에 대한 저항이지만 자신이 원하는 방향에 맞추어 다시 세계로 나가게 하는 능력은 없다. 하지만 신의 처벌을 면한 아가멤논의 아들 오레스테스와는 다르게 그는 자신의 손으로 두 눈을 찔러 묵묵히 죄값을 치른다. 물론 『콜로노스의 오이디푸스』에서는 변명을 하기도 한다. 아버지를 죽인 것은 내가 살기 위한 정당방위였고, 어머니와 같이 결혼하게 된 것은 몰랐기 때문에 죄가 아니라는 것이다. 그러나 그는 결국 신의 비밀을 밝혀내려는 자만심과, 심판에 대한 정당성을 자신이 가질 수 있다고 생각하는 자체가 죄라는 것을 알게 된다. 물론 처음 테베에 역병이 돌 때만 해도 그런 자각은 없었다. 오이디푸스는 범인을 색출하여 가혹한 처벌을 내리려는 의도로 가득하다. 그 범인이 자기가 될 수 있으리라는 생각은 티끌만큼도 존재하지 않는다. 오직 범인을 밝혀 처벌해야 한다는 자기 의義와 호기심, 스핑크스에게서 테베를 구해냈던 업적이 행운이 아니라 자신만이 범인을 밝혀낼 수 있으리라는 자만심으로 가득했다.

우리는 여기서 그리스 비극의 특징인 실존의 '아이러니'를 경험한다. 그것은 필연과 자유의 역설이다. 비극의 인물들은 자신의 운명을 피하기 위해 발버둥친다. 그러나 바로 그 행위로 인해 결국 자신의 운명을 완결시키게 된다. 오이디푸스는 생부로 알고 있던 양부 코린토스 왕을 죽이지 않기 위해 떠나와야 했지만 결국 진짜 생부 라이오스 왕을 죽이고 만다. 국왕으로서 테베의 역병을 치료하기 위해 색출하고자 했던 범인의 정체는 바로 자기 자신이었다. 그리스 비극이 말하는 것은 인간 스스로는 빠져나갈 수 없는 운명의 굴레와 그 굴레를 벗어나기 위한 자유의 몸짓이며, 그 결과 깨달은 인간의 존재론적 이중성 ontological duality과 실존이다. 자신이 누군지도 모른 채 추상적인 선을 휘두르는 폭력이 얼마나 무수히 자행되는가. 자유라는 길 자체가 싸워 뺏는 생존 구도 안에 있지 않은가. 죽음을 피하려는 인간의 삶은 이미 그 가운데 죽음을 내포하고 있다. 줄 위에 선 광대처럼 좌로나 우로나 어느 극단에 치우치지 않고 아슬아슬 조심스럽게 삶을 걸어야 한다. 삶은 그 어떤 것도 견뎌내며 받아주는 거대한 어머니 바다와 같다. 비참하지만 살아갈 용기에 대한 깨달음은 오이디푸스가 이 비극의 실존 한가운데서도 결코 자살하지 않는 힘이 된다. 그는 이제 인간 자체가 '집 없는 homeless' 존재임을 안다. 인간은 정처 없이 왔다가 정처 없이 사라지는 존재이다. 이는 오이디푸스가 자신의 최후를 콜로노스에서 맞이하며 결코 테베로 돌아가지 못했다는 사실에서도 드러난다.

또 다른 한편 오이디푸스는 인식적 아이러니, '무지의 지[4]'를 대변한다. 알지만, 모른다는 의미다. 그는 스핑크스의 수수께끼를 풀면서 지식인으로 인정받고, 테베인을 안내하는 안내자로 묘사되면서 지성의 대표자로 자리매김한다. 그러나 정작 자신이 누군지에 대해서는 모른다. 테베에 재앙이 찾아왔을 때 라이오스 왕을 죽인 범인이 자신인지도 모른 채 범인이 따로 있다고 여긴다. 모든 것을 아는 것 같으나 가장 중요한 자신의 진실에 대해서는 전혀 모르는 자, 오이디푸스는 지성과 무지의 경계를 넘나드는 '무지한 지식인'the ignorant knower을 상징한다. 그가 자기의 눈을 찔러 장님으로 만드는 것은 눈을 가졌지만 진실을 볼 수 없는 자라는 자각에서 오는 행위이다.

비극은 이러한 이중적 상황 속에서 인간이 가진 대극적 모순을 극명하게 드러낸다. 오이디푸스는 위기에 빠진 테베를 재건

---

4 무지의 지(無知의 知) / 그리스어 'philosophos'는 지혜를 사랑하는 철학자란 뜻으로 오직 신만이 참된 지자(知者 : sophos)이므로 현자란 인간의 지혜가 신에 비하면 무와 같다는 것을 지각하는 데서 온다. 참된 지知는 무지를 자각하는 것에 있다는 뜻으로 소크라테스가 그의 문답법에서 쓴 말이다. 피타고라스나 소크라테스적인 의미에서 아무것도 알지 못함을 아는 것 자체가 진실한 앎을 얻는 근원임을 말한다. 잘 알려져 있는 것은 니콜라우스 쿠자누스의 'docta ignorantia'(무지의 지)이다. 신은 반대의 일치가 성립가능하므로 대립적인 상관관계로 이루어진 유한한 사물로는 신을 규정할 수 없으며, 신을 인식하는 것은 세속적인 일체의 지식을 버리고 무지의 상태로 되었을 때, 인식의 최고단계인 직관에 의해서만 가능하다고 했다.

하여 새로운 법과 질서를 만드는 법 제정자law-maker이지만, 정작 그 자신은 법을 어기고 친부를 살해했으며 친모와 간통한 범법자law-breaker이다. 지성intelligence과 정체성identity을 추구하지만 정작 그 자신은 무지한 자이며 희생자이다. 남편이지만 아들이고, 구원자이지만 오염자이고, 법 제정자이지만 범법자인 것이다. 인위적으로 떼어놓을 수 없는 이 진실은 인간이 신성과 동물성을 동시에 가지고 있으며 영원히 풀 수 없는 경계 없는 수수께끼라는 것을 극명하게 보여준다. 비극은 이러한 인간의 살아있는 전체성, 반쪽이 아닌 양쪽을 보여 준다. 그리고 영웅이란 명증하지 않은 존재의 양가성을 견디는 자이며, 그 공존의 지혜 속에서 신뢰, 자유와 책임, 사랑을 터득한 자이다.

　바로 이 지점에서 우리는 비극의 주체인 예수의 극단적 양가성을 떠올린다. 그는 신이자 인간이다. 성령의 씨로 잉태되었다고 천사에 의해 선포되지만 미혼모의 아들로 수군거림을 당한다. 많은 기적을 베풀었지만 정작 자기 자신조차도 구원하지 못하는 자라는 모욕을 당한다. 군중을 배불리 먹였지만 정작 자신은 머리 둘 곳도 없이 다니며 탁발을 하는 신세였다. 그러나 오이디푸스와 달리, 그는 자신이 누구인지 끊임없이 묻고 조율하고 맞춘다. 그리하여 신과 그 사이에 있던 삼엄한 경비는 무장해제된다. 예수가 싸운 것은 밖이 아니라 자신이 스스로 신이 될 수 있다는 환상이었으며 신이 아들인 자신을 버릴 수도 있다는 절망이었다. 그러나 그는 아가멤논의 아들 오레스테스처럼 도망가지도 않고 오이디푸스처럼 스스로 자신의 손으로 두 눈을 찔러 죄값을 치르거나 자신의 제자 가룟 유다처럼 자살하지도 않는다. 그는 절뚝거리며 세상에 남아있는 대신 십자가에 고스란히 못박힌 채 남아있다. 이 필연의 굴레에서 그를 부활시키는 것은 못박힌 몸과 함께 있으면서도 끊임없이 싸우고 비상하는 내면의 의식들 — 생명, 신뢰, 용서, 의탁 — 이다. 십자가의 비밀은 죽음이 기다리고 있다고 여기는 그곳에 부활이 기다리고 있다는 것이다. 그것은 자신 안의 생명이 있는 한, 남을 죽이지 않아도 된다는 뜻이기도 하다. 그곳은 생과 사의 문턱을 넘어 가장 친밀한 전적 타자, 심원한 태초의 창조의 중심이 발원되는 곳이니까.

비극, 삶에 대해 묻다

그리스 비극이 이원적 패러다임의 산물을 넘어 공동체의 꽃으로서의 피어날 수 있었던 것은 비극에 담긴 인간 실존의 모습 덕분일 것이다. 비극의 공연은 직접 민주주의 체제의 도시

국가인 아테네를 유지하는데 중요한 역할을 했지만, 절대적 정답을 강요하지는 않았다. 공연이 끝나면 아테네 시민들은 저마다 삼삼오오 모여서 토론했다. 이 같은 열린 대화의 공간은 아테네 사람들이 자신들의 삶에서 일어난 비극과 갈등을 외면하지 않고 고통과 절망, 실패와 아픔을 삶의 한 부분으로 바라보도록 만들었다.

비극은 명증성과 이분법, 인과성이 우리 삶의 문제를 이해하는 데 큰 도움을 줄 수 없다고 말한다. 비극은 뻔하지 않은 메타포를 통해 우리가 삶에 대한 근본적인 질문을 던지도록 유도한다. 메타포metaphor의 어원은 '한 곳에서 다른 곳으로 옮기는 행위', 즉 '전환'을 뜻하는 그리스어 'metapherein'이다. 거트리William K. Guthrie는 메타포를 시대가 무의식적으로 전제하고 있는 범위 내에서 다양한 변화를 시도하면서도 어떤 근본적인 것을 상정하는 것으로 간주한다.[5] 비극에 사용된 메타포는 이렇게 다양한 관점에서 인간의 실존과 고통에 놓인 하나의 사건으로 생산되고 이해된다. 죽음, 고통, 실패, 시련, 아픔을 마주하면서 그리스인들은 신들의 능력조차 초월하는 비합리적인 운명을 발견하고 그것

---

5   Guthrie, *The Greek Philosophers*. (London : Methuen&Co Ltd, 1978), p.11.

을 공동체의 담론으로 만들었다. 이렇듯 아테네는 논리적인 방식이나 명증한 해답이 아닌 비판적인 질문과 계속되는 토론 속에서 존재해 왔다.

　비극은 두 가지 측면에서 삶의 속살을 들여다보게 만든다. 그 고통에 이름을 붙여 줄 수 없다는 측면에서, 그리고 불가사의한 운명적 아픔이라는 측면에서 돌이킬 수 없는 상처를 입었을 때야 비로소 그 참기 어려운 무기력한 어둠의 틈새로 영혼의 지독한 아름다움이 보인다. 롤랑 바르트Roland Barthes가 말한 '푼크툼punctum'[6]은 기호가 주는 패러다임으로부터 의미를 차단해야 진짜 삶의 속살이 보인다는 것을 알려주는 단어다. 현대 사회에서 명료함이란 사람들이 자신이 속한 계급의 다른 구성원들에게 자신이 같은 계급에 속한 구성원이라는 것을 알리는 기호에 불과하다. 그러나 수전 손택Susan Sontag의 말처럼 '해석이란 비평가들이 예술에 통렬하게 가하는 복수'다.[7] 이유가 무엇일

6　푼크툼(punctum) / 프랑스의 구조주의 철학자이자 비평가인 롤랑 바르트 (Roland Barthes)가 『카메라 루시다』에서 내세운 개념으로 '찌름'을 뜻하는 라틴어 'punctionem'에서 비롯됐다. 사회적으로 널리 공유되는 일반적 해석의 틀에 따라 객관적 문화코드 속에서 사진을 읽는 방법이 '스투디움'이라면, '푼크툼'은 보편적이고 분석적인 맥락 이전에 나를 진정으로 아프게 하는 것들, 자신을 발가벗기는 감정과 연관된 것이다.

7　수전 손택, 『해석에 반대한다』, 이민아 옮김 (서울 : 이후, 2002), 25쪽.

까. '너'와 '나'가 다르기 때문이다. 그리고 '너'와 '나'는 공유할 수 없는 의식의 명증성으로 설명할 수 없고 인간의 주체성만으로는 해결할 수 없는 어떤 부분을 가지고 있기 때문이다. 삶이 어찌 명증하게 설명되며, 삶이 어찌 획일적인 상징에 머물 수 있겠는가.

바르트의 푼크툼 개념은 여기에서 빛을 발한다. 푼크툼은 화살처럼 뾰족한 도구로 찔릴 때 생기는 상처나 흔적, 뭐라고 명쾌하게 설명할 수 없는 돌발적인 아픔이다. 분석할 수도, 예견할 수도 없다. 똑같이 반복해서 느낄 수도 없는 작은 구멍이며 얼룩이고 작게 베인 상처다. 그것은 각 개인의 실존에 꼭 맞게 오는 통증이기도 하고 예측할 수 없는 삶 자체의 비극이기도 하다. 애초에 바르트가 푼크툼을 결정적으로 알게 된 것은 그의 어머니의 죽음과 그로 인한 우울증 때문이었다. 이렇듯 불가사의한 슬픔, 푼크툼의 세계를 비극에서 읽는다. 비극 이야기는 푼크툼을 우리의 시간 안에 정지시켜 공유한다는 것을 의미하기 때문이다.

그리스 비극의 위대함은 근대가 추구했던 자유 의지, 즉 인간의 자유와 저항을 보여준 것에 있었다. 인간은 운명에 저항하는 존재다. 운명에 굴하지 않고 저항하면서 주체로 서고자 하는 자유 의지를 타고 났다. 비극의 이유도 알 수 없고 설령 비극의 결말을 미리 알더라도 어떻게든지 자기의 삶을 새롭게 해보려는 저항의 자유정신이다. 근대정신은 바로 이런 것을 보여 주는 것이다. 칼 야스퍼스Karl Jaspers의 말처럼 비극은 선악의 피안에 있는 인간의 위대함을 보여준다.[8] 자신의 삶이 송두리째 몰락할 수도 있다는 것을 느끼면서도 운명에 저항하는 자유인의 위대함이 비극 안에 있다.

그러나 이러한 비극의 영웅성조차도 소진사회의 장치에 포획되면 배트맨, 슈퍼맨이 탄생한다. 이러한 영웅 스토리는 순진한 감정의 카타르시스만을 자극하는 데서 멈추기 때문에 스크린 밖의 전쟁터를 극복하지 못하게 하는 역작용을 일으킬 수 있다. 영웅 신화가 장치로 되어 있을 때는 보편적인 고통을 극복하고 저항하는 인간의 자유 의지, 인내, 투쟁을 올바로 보여주지 않는다. 하나의 상품화된 자기 내적 정화로 그치고 마는 것이다. 전체적이고 공동체적인 비극이 개인의 내적 카타르시스를 일으키고 마는 도구가 되는 것은 그 사이에 낭만적 장치가 작동했기 때문이다. 전체를 희망으로 끌고 가는 가능성과

---

8 칼 야스퍼스, 『悲劇論, 人間論』, 황문수 옮김 (서울 : 汎友社, 1975), 51쪽.

자유, 고통을 이기는 위대함의 가능성은 자신의 비극이 보편적 비극의 요소와 맞물려 있다고 느낄 때에 비로소 시작된다. 따라서 비극은 낭만처럼 취급될 수 없다. 낭만으로 그친 비극은 장치를 존속시키는 역할을 하고 마는 것이다.

비극은 우리를 철들게 만든다. 우리의 절대적인 믿음을 깨뜨리면서 삶에 균형을 갖게 한다. 개인과 공공의 균형도 되고, 기쁨과 도덕의 균형도 될 수 있고, 빛과 어둠의 균형도 될 수 있다. 역설적으로 우리에게 믿음이 깨지는 순간은 곧 비극의 순간이기도 하다. 예측과 계획이 깨지는 삶의 구멍들에서 비극은 탄생하지만, 그 비극과 고통은 우리의 순진함에 균형을 준다. 그리고 나의 고통이 이 세계에 편재한 고통의 보편성, 운명과 연결되어 있다는 것을 깨닫게 한다.

고통은 운명적이고 보편적이다. 다만 고통을 향해서 소리 지르는 인간이 있을 뿐이다. 고통은 운명적이기에 통과제의를 겪는 모든 인간들은 고통을 겪어야만 한다. 어머니의 뱃속에서 안전하게 있다가도 세상에 나오기 위해서는 고통을 겪어야 한다. 사춘기를 겪으면서 자기 주체성을 확립해야 하는 청소년도 고통을 겪는다. 결혼, 사랑, 직업도 마찬가지다. 이 강을 건너서 저쪽 땅을 딛고자 하는 모든 사람들도 고통을 겪는다. 죽음을 통과하고 그 다음 세계로 이동하는 사람들도 고통을 겪어야만 한다. 즉, 고통의 원인은 외부에 있지 않고, 삶의 근본 문제라는 것이다.

어쩌면 우리는 자신의 삶에서 고통이 삶의 근본 문제라는 것을 인식하기 시작할 때 철들기 시작하고, 과도한 낭만적 기대를 버린다. 오이디푸스 왕이 힘에 대한 의지를 버릴 때 비로소 구원자, 지혜로운 자가 되었던 것처럼. 비극의 위대함은 보편적으로 존재하는 고통을 그저 수동적인 필연으로 받아들이지 않고, 존재의 양가성을 적극적으로 고민하는 사람들에게 있다. 위대한 종교의 근원지에는 반드시 고통을 끌어안고 있는 '피에타성'이 있는 것처럼 말이다. 아들 예수의 죽음을 끌어안은 마리아처럼, 비극적 운명에 눈물을 흘리지만 고통과 죽음을 스스로 가슴에 품어 안은 사람들의 위대함이 새로운 역사를 만든다. 그러므로 비극을 대하는 태도는 주체로 살기 위한 시작점이 된다. 또한 위대한 종교는 그 비극을 자각하고 해결을 모색하는 것이다. 어쩌면 종교란 비극을 견디고 주체가 된 아이들의 놀이터, 알지만 자만하지 않고 인공적인 세계에 속지 않으면서 천진한 눈으로 삶을 관통하고 싶어하는 이들의 배움터일수도 있으리라.

웃음과 명랑으로 새로운 탈주로를

비극의 주체됨을 '웃음'과 '어린아이 됨'에서 찾은 인물들이 있다. 베르그송Henri Bergson과 니체이다. 1900년은 역사적으로 의미 있는 해였다. 바로 니체라는 위대한 철학자가 죽고, 프로이드Sigmund Freud의 『꿈의 해석』과 앙리 베르그송의 『웃음』이 출간된 해이다. 19세기 막바지는 1차 세계 대전을 겪으면서 폐허가 된 현실이 인간의 비극적 운명이고 속성이라는 인식이 퍼지기 바로 직전의 시대이다. 니체의 위대함은 해체주의를 필두로 하는 현대성을 열었다는 점인데, 인류는 1차 세계 대전을 경험하면서 어느 면에서 그의 말이 옳았다는 것을 알게 되었다.

이즈음에서 니체의 명랑성, 희극성을 떠올려 보는 것이 의미 없는 일은 아닐 것이다. 우리는 살아가면서 예기치 못한 돌부리에 걸려 넘어지고 타인에 의해 부서진다. 그렇다고 해서 단지 흉터만 남는 것은 아니다. 넘어진 자리에서 피어난 봄꽃을 발견할 수도 있고, 허우적대며 더듬거리는 자리에서 새로운 마주침이 일어날 수도 있다. 푼크툼은 때로 미로에서 헤매기만 할 우리에게 의미 있는 출구를 보여준다. 중요한 것은 넘어진 그 자리에서 일어날 수 있는 힘이다. 니체는 "내가 말하는 것은 그리스적인 명랑성은 아니다. 나는 새로운 이야기를 하려는 것이다."[9]라고 했다. 그리스 비극이 완전히 새로운 세계를 창조하는 명랑성으로 가지 못했던 것은 니체가 『차라투스트라는 이렇게 말했다』에서 말한 '창조하는, 놀이하는 어린아이'를 끝내 발견하지 못했기 때문이다.

베르그송을 비극을 견디고 명랑성으로 가는 교두보로 삼을 수 있는 이유는 그의 웃음론이 가지고 있는 특성 때문이다. 사실 당시까지도 사상의 흐름은 심각하고 근엄한 것을 중요시하고 웃는 것을 그다지 좋은 것으로 여기지 않았다. 베르그송이 혁명적이라고 평가받는 이유는 웃음이 진정 살아있는 인간다움의 중요한 요소라고 분석했기 때문이다. 그는 웃음이 생명에 반하는 기계주의, 폭력성, 획일성, 그리고 습관적으로 살아가는 뻣뻣한 경직성을 벗어나게 한다고 이야기했다.

사람은 대략 하루에 7만 가지 생각을 한다고 한다. 그런데 이 생각들의 80% 이상이 미움, 집착, 후회, 슬픔, 걱정, 불평 등의 부정적이고 불필요한 것들이다. 사실 이 시대를 살아가는 우리에게는 너무 당연하게 느껴질 지도 모른다. 생각이란 눈에 보이는 현상과 인식이 연결되는 것이기 때문에 현실이 부정적이

---

9 프리드리히 니체, 『비극의 탄생』, 이진우 옮김 (서울 : 책세상, 2005), 133-134쪽.

라면 생각 역시 부정적인 현실에서 크게 벗어날 수 없다. 만약 우리의 삶에 비극이 없다고 스스로를 속인다면, 우리는 끊임없이 현실 속에 필연적으로 던져져 있는 인간의 운명과 소모적인 싸움을 할 수밖에 없다. 하지만 웃음과 미메시스, 농담은 비극적인 현실과 단순히 싸우는 것을 넘어 삶을 관조하고 긍정하는 생의 전략이다. 우리는 비극의 한 가운데 서서 끝내 웃음과 기쁨의 요소를 살려낼 것인가? 이것은 단순히 삶에 대한 긍정을 부각하려는 시도만은 아니다.

그에게 있어 가장 중요한 코미디의 속성은 생명을 복원하기 위한 교정이다. 이 논의에 앞서 먼저 주목할 것은 교정하는 주체들이 생명적 주체라기보다는 대부분 사회라는 점이다. 보통 웃음은 모욕감을 주면서 만들어지는데, 대부분 그 사회의 통념상 일반적으로 부족하다든가, 비틀어졌다든가, 실패한 사람들에게 비웃음의 화살이 향한다. 어리석은 짓, 바보 짓, 고통스러운 일탈 등이 그 예이다. 늘 일상적으로 당연하게 옳다고 생각하면서 하는 행동들이 파괴될 때 관객들은 우월감을 형성하면서 웃는 경향이 있다. 웃음이 사회적 장치를 지탱하게 하는 비극적 요소로 작용할 수 있는 이유가 여기 있다. 베르그송은 희극성이란 즉각적인 교정을 요하는 개인적이거나 집단적인 결함을 나타내는 것이며, 웃음은 바로 이것을 교정하는 것이라 말한다. 따라서 "비극적 웃음이란 개인의 비사회적, 비사교적, 비조화적 행동이나 태도에 관한 섬뜩한 징벌이다. 어떤 사람들이나 사건들에게서 드러나는 특정한 방심상태를 두드러지게 하고 응징하는 일종의 사회적인 의사표현인 셈이다."[10] 즉, 사회는 일정한 장치에 의해 흘러가고 있기 때문에 누군가의 일탈이나 빈틈이 발생하면, 그것을 비하시키면서 사회적 조건화에 맞게 교정하려고 한다는 것이다.

반대로 웃음이 사회의 장치를 비판하고 생명을 탄생시키는 정신과 연결될 때, 꽉 짜인 틀에서 일탈할 수 있는 자유를 맛보게 된다. 그 안에 갇혀 있는 사람은 볼 수 없지만 단단한 틀 어딘가를 비틀어 주고 장치에 틈을 내면서 생생함을 복원시키는 역할을 하게 되는 것이다. 생명의 본성은 '살아있음'이기 때문에 반대로 딱딱하고 기계적이고 깨끗하게 소독된 것을 파괴하는 결함이 웃음을 유발한다. 어쩌면 비극을 통해 꽉 짜인 기계성이 깨어지는 것처럼 웃음 또한 살아있는 삶을 촉발하는 또 하나의 계기일 수 있다. 딱딱한 기계성을 깨뜨린다는 점에서 비

---

10 앙리 베르그송, 『웃음』, 정연복 옮김 (서울 : 세계사, 1992), 78쪽.

극과 웃음은 살아있는 삶의 동전의 양면일지도 모른다.

기계적인 게으름은 일상에서도 자주 발견된다. 우리는 삶이 피곤하고 힘들수록 말과 행동을 판에 박힌 것처럼 반복함으로써 현실을 잊으려 한다. 결국 우리 스스로도 장치 행위를 하고 있는 것이다. 그러니 성과 사회에서는 어떤 의미에서는 지속성에 근거한 게으름이 발생하고 그 안에 기계적인 경직성이 나타난다. 이때 웃음은 장치가 되어 버린 인간을 조롱하고 돌아보게 함으로써 교정하는 목적을 지닌다. 등교하거나 출근할 때 보는 환경을 생각해 보자. 나무도 있고, 돌이 있을 수도 있고, 멈칫멈칫 하면서 가다가 갑자기 서는 바람에 나하고 부딪힐 수 있는 사람들도 있다. 나의 주의와 초점을 분산시키기 충분한 환경들이 있다. 그 곳에서 우리가 생생하게 살아있기 위해서는 계속 반응하고 있어야 한다. 하지만 모든 자극에 일일이 반응하려면 집중력과 주의력이 요구되기 때문에 피로해지기 쉽다. 늘 집중하면서 긴장하는 것은 우리를 힘들게 한다. 이때 웃음은 이러한 긴장과 기계성을 가로지르며 새로운 계기를 촉발한다. 즉 비웃음은 한편으로는 개인을 교정하고 억압하는 장치로 쓰일 수 있다. 하지만 다른 한편으로는 생명력을 가진 사람이 주체가 되어, 기계처럼 되어 버린 시대와 개인을 일탈시키기 위한 새로운 시도로써 웃음을 유발할 수도 있다.

로베르토 베니니Roberto Remigio Benigni[11]는 웃음과 농담이 과연 '비극의 새로운 주체를 탄생시킬 수 있는지'를 모색한다. 베니니의 영화 <인생은 아름다워>는 비극 중 비극이라고 할 수 있으며, 주인공 귀도는 비극적 상황에서 가장 비틀어져 있고 실패한 자이고 가장 비웃음거리가 될 만한 사람이다. 하지만 귀도는 희극적 요소를 자기의 현실 속에 집어넣으며 주체가 된다. 비극의 주체가 된 그는 오히려 중심에 서서 남을 비웃는데 이때 웃음거리가 되는 것은 귀도가 아니라 오히려 미쳐버린 세상이다.

이렇게 본다면 웃음과 농담 자체가 하나의 창조적 요소라기보다는 그것이 과연 비극을 견디고 생명을 살아내려는 자들에 의해 새롭게 구성될 수 있는가가 중요하다. 미메시스는 모방을 의미하지만, 누군가 새로운 생명의 주체로 태어나고자 할 때 방향을 바꿀 수 있도록 하는 교두보 역할도 담당한다. 우리는 자기의 밖, 세계의 밖에 서서 세상이 어떻게 작동하는지, 그리고

---

11 로베르토 레미조 베니니(Roberto Remigio Benigni, Cavaliere di Gran Croce OMRI, 1952년 10월 27일 ~)는 이탈리아의 영화 배우, 영화 감독 겸 극작가이다. 1998년 <인생은 아름다워>의 감독으로 칸 영화제 심사위원상, 아카데미 외국어 영화상을 수상하였고, 같은 작품으로 비영어권 최초로 아카데미 남우주연상을 수상하였다.

기쁨은 어떻게 작동하는지 살펴야 한다. 흉내 내기를 하는 동안 타자의 관점을 새롭게 바라보는 시간을 벌어야 한다. 미메시스는 징벌이나 교정의 수단으로 사용되었던 비웃음이 방향을 바꾸어, 새롭게 생명의 주체로 살아가려는 사람에 의해 풍자와 해학으로 거듭나도록 이끈다. 그리고 그것이 나의 고통뿐만 아니라 공동체의 아픔에 공명하고, 새로운 세상의 생명을 이끌어 내려는 자들과 연대하여 공공의 에너지가 된다.

종교도 비극적 운명의 내적 필연성을 비웃는 예언자들이 없다면 제도적 관습적 체계로 머물 가능성이 많을 것이다. 이스라엘의 운명을 예언하면서 자기의 삶을 웃음거리로 만든 호세아 같은 선지자는 죽음, 재난 등 이스라엘 공동체가 겪을 비극적 운명의 보편적 필연성을 이야기한다. 그렇다면 개인은 어떠한가? 보편적인 인류 역사에 새로운 기점을 만들어 내는 인물이 중요하게 여겨지는 것은, 그에게서 비극적 운명의 보편성과 상징성을 발견하기 때문이다. 예를 들어 예수는 가난한 목수의 아들로 태어나 미혼모의 몸에서 났다는 스캔들을 겪고, 소년 가장으로 자라 짧은 시간 사역을 하고 십자가에서 죽음을 맞이한다. 이런 비극적 삶의 조건들은 가장 극단에 처한 이들도 위로할 수 있는 상징을 담고 있으며, 동시에 그 고난을 극복해

나가는 희망으로서 자리매김한다.

  그렇다면 그런 보편성을 어떻게 삶에 담아낼 수 있는가. 그리고 거기에 흐르는 내적 필연성으로 어떻게 새로운 희망을 지시할 수 있는가. 이 같은 고민이 바로 선구자들의 몫이었다. 어떤 시대를 이끌어 가는 사람들, 시대적 사유를 끌어가는 사람들, 종교를 끌어가는 사람들, 새로운 운동을 하는 사람들. 그런 사람들은 단지 한 명의 개인이지만 그 안에 인류가 지닌 공통분모의 내적 필연성을 비춰주는 거울인 것이다.

  베르그송을 넘어선 사람으로 들뢰즈를 꼽기도 한다. 그는 인간이 자유를 반납한 채 장치에 예속되어 생명기계 혹은 욕망기계로 살아가는 실상을 드러낼 때 웃음이 발생한다고 말한다. 들뢰즈가 사용한 욕망기계[12]라는 개념은 욕망이 포획된 세

---

12 욕망기계 / 욕망기계는 들뢰즈-가타리가 『안티 오이디푸스』에서 사용한 말이다. 그들에게 욕망이란 인간 내지 유기체적 생명체만이 아니라 우주 만물의 모든 사물에 적용되는 것으로, 니체의 '힘에의 의지'와 같은 것이다. 이는 사물도 무언가를 욕망한다는 말이 아니라 욕망이 활동과 생산으로써만 드러난다는 의미에서 그렇다. 들뢰즈-가타리에게 욕망은 사물들의 접속으로 작동되는 것이기 때문이다. '기계'라는 용어가 욕망에 붙어 있는 이유도 이 때문이다. 기계는 욕망의 작동장치이다. 기계는 다른 것과 접속하여 어떤 흐름을 절단하고, 채취하는 방식을 작동하는 모든 것이므로 존재의 보편적 방식이 된다. 따라서 이런 활동을 생산이라는 단어로 표시하는데, 그것은 욕망의 활동이며 욕망을 정의하는 활동이기에 욕망과 동일한 외연을 갖는다. 더 자세한 논의는 들뢰즈·가타리, 『안티 오이디푸스』, 김재인 옮김 (서울 : 민음사, 2014), 5-96쪽, 626-660쪽. 참조.

계 속에서는 사실 욕망조차도 우리의 것이 아니며 살아있는 욕망이라고 할 수 없는 자동기계의 형태로 있다는 것을 암시한다. 웃음은 보편화된 비극과 자동기계의 형태로 숨어있는 욕망을 일깨우고 숨은 기쁨을 새로운 창조의 요소로 드러낼 때 그 가치가 드러난다.

그렇다면 웃음과 농담이 장치에 대항할 수단이 될 수 있는가? 면역학적 패러다임에서는 타자에 대한 부정과 공격을 무기로 삼는다. 그러나 보다 교묘하고 복합적인 시대에서는 자신과 집단에 자연스럽게 내재된 무의식적 세계관을 거부하고 인식의 기반을 깨뜨리는 것이 필요하다. 이를테면 '자신과 타자를 향해 웃어 주기'처럼 말이다. 웃음은 장치의 배열을 어긋나게 하고 틈이 벌어지게 하여 환기를 일으킨다. 관객들이 희극을 더 좋아한다는 사실은 변화를 일으키는 요소에 대해 새로운 인식을 준다. 누구나 한번은 자신의 감각이 바뀌면서 현실이 무르익는 경험을 하게 마련인데, 이러한 변화의 가장 큰 요소가 기쁨이기 때문이다. 이때 자신이 지닌 무의식적이고 기계적인 허구성과 자동성이 뿌리 깊으면 깊을수록 각성의 효과가 클 것이다.

그렇다면 비극의 상품으로 대상화된 이들을 어떻게 웃음으로 각성시킬 수 있는가? 타자의 일회적 시선에 소비되어 무기력하고 무감각해진 대중을 어떻게 깨울 수 있는가? 발터 벤야민Walter Benjamin은 『일방통행로』에서 기계의 부속품으로 전락한 이들의 비애를 폭로했다.[13] 그는 제 2차 세계 대전의 원흉인 군수 산업을 중심으로 한 독일 자본주의 시스템과 실업자들을 예로 들며 수치의 구조를 설명한다. 나치는 전쟁 이후 실업자가 된 그들에게, '네가 노숙인이 된 건 더럽고 게으르고 멍청하기 때문이다.'라고 세뇌했다. 벤야민은 이 수치의 구조를 극복하고 이겨낼 수 있는 힘을 '연대된 명랑성'에서 찾았다. 즉 이 수치의 구조가 개인의 문제가 아니라는 사실, 그리고 기꺼이 굴복할 만큼 필연적인 것이 아니라는 사실을 발견하고, 창조적 기쁨의 연대성을 가지는 것이다.

새로운 주체로 선다는 것은 이기적 개체가 아니라 기쁨의 연대성을 가진다는 것이다. 대상화되고 웃음거리가 된, '수치의 구조' 안에 놓인 사람들과 함께 진정한 명랑성으로 일어서는 것이다. 만일 종교가 기쁨과 웃음을 단지 고통으로부터 안전한 거리를 유지하는 데에 사용한다면 종교는 장치의 영속에 기여할 뿐이다. 진정한 종교는 늘 고통과 죽음이 부수적 현상이 아

---

13 발터 벤야민, 『일방통행로』, 김영옥·윤미애·최성만 옮김 (서울 : 길, 2012), 69-164쪽.

니라 기쁨과 삶의 본질이라고 가르친다. 예를 들어 불교는 고통의 문제를 해결하기 위해 집착에서 자유로워지라고 가르친다. 고통은 원래 없는 것인데, 나라는 자아를 세움으로 생겨난 것이니 오온五蘊의 ― 색온 수온, 상온, 해온, 식온 즉, 육체의 느낌, 생각, 욕구, 의식 등 ― 집착에서 벗어나면 자유로워진다고 말한다.[14] 파토스pathos에서 완전히 독립된 상태에 이르는 것, 다시 말하면 착각과 집착, 정과 욕이라는 것에서 해방되는 것이 고통을 해결하는 열쇠라는 것이다.

스토아학파 역시 감정과 열정에서 완전히 해방된 경지인 아파테이아apatheia에 이르면 정과 욕이 주는 고통에서 해방될 것이라고 보았다. 또한 절제, 무심에 바탕을 둔 마음의 평정, 타인에 대한 공감, 관용을 이야기했다. 이것들을 통해 마음에 동요로부터 벗어나는 것이 자유의 길이라고 본 것이다. 하지만 삶은 실제로 살아 움직이는 것이고, 언제나 파토스가 거기에 작동하고 있다. 그렇기 때문에 '비극 가운데서 명랑하기'는 삶에서 도피하지 않고 생생하게 살아있는 삶 한가운데서 하는 수행이다. 생생하게 살아있는 존재만이 웃을 수 있다. 그리고 이 웃음은

---

14 마스타니 후미오, 『아함경』, 이원섭 옮김 (서울 : 현암사, 2001). 2부 참조.

반드시 운명적으로 주어진 고통의 비극 한가운데서 어떻게 생명으로 살아갈 수 있는가를 다루는 것이어야 한다.

농담하기는 가장 아름답고 촉발적인 생명력의 힘을 보여주는 비폭력 저항의 근거다. 공포와 두려움에서 시작한 저항은 오래 가지 않는다. 공포에 공포로 맞서는 방식도 오래 가지 않는다. 우리는 새로운 생명이 폭발하는 방식을 마련해야 한다. 그러나 아무것도 모르는 순진한 명랑성은 아니다. 비극으로부터 적당히 거리두기를 하면서 자기에게서 웃을 요소만 포획해서 찾아내고자 한다면 도리어 자본주의 포획 논리에 물들고 웃음의 소비에 물들게 될 것이다. 웃음은 혁명적이다. 비극 가운데서의 웃음은 장치와 억압의 두려움을 없앤다. 예술이든, 애정이든, 문화든 혹은 새로운 사유든! 무언가 새로운 것을 촉발하는 방식을 고민하고, 옛 방식과 이별하는 방식을 찾아야 한다. 그래야만 기계화된 지배 질서, 패러다임, 규범적인 사유, 그리고 우리로 하여금 그렇게 하도록 만드는 장치들에서 벗어날 수 있다.

살아있는 삶에는 모든 것이 있다. 거기에는 빛도 있지만 어둠도 있고 평화도 있지만 전쟁도 있다. 삶이란 또한 우리에게 상처를 입히는 모든 것이다. 즉, 삶은 상처다. 그것은 인류 보편의 특징이기 때문에 나만 비껴가려고 하는 순간, 마침내 그 상처가 우리에게로 돌아온다. 코미디는 일종의 공감 예술이다. 농담하기란 자신의 현존을 그 자체로 정당한 것으로 받아들인 후에 얻게 되는 삶의 긍정이다. 낙천주의가 아니라 비애를 디딘 자의 긍정이다. 내 삶에 자신의 현존과 고통, 비극을 정당한 것으로 받아들인다는 것은 노예처럼 사는 것을 뜻하지 않는다. 내가 저항할 수 있는 주체가 되어 잠재적 희망이 내 안에 있다는 것을 발견하는 것이다.

다만 문제는 다음의 질문이다. 장치의 배열을 어떻게 바꿔 희극적인 요소로 만들어낼 것인가? 남이 만들어놓은 배열이 아니라 어떻게 함께 새로운 배열을 만들어 낼 것인가? 어떻게 종교는 목가적 유토피아로 도망가지 않고, 이 고통스런 비극적 삶의 운명과 맞닥뜨리지 않으려 도피하지 않고 희망을 이야기할 것인가? 누가 삶에 현존하는 비극의 요소들을 희극적인 요소로 바꾸고 함께 연대하는 새로운 창조적 배열을 만들어낼 수 있을 것인가? 그것은 고통을 견디고 새로운 주체가 된 '놀이할 수 있는 창조적 아이'다. 놀이할 수 있는 창조적 아이는 결국 '자기 운명을 가지고 노는 자, 놀이의 정신을 가지고 웃을 수 있는 자, 한계와 규율을 무효화시키는 자'이다. 한계와 규율을 무효화시키는 것은 그것을 적으로 상정하고 분리하거나 싸우는 행위를 뜻하지 않는다. 새로운 삶은 그저 나의 길을 함께 가며 웃는 것, 비극을 통과한 후에 비로소 즐길 수 있는 운명과 자유의 놀이터이다. 모든 것이 있게 하라! 다만 모든 장치를 무효화시키는 새로운 창조적인 일이 벌어지게 하면서.

노자老子는 무의 본질을 묘妙라고 읽었다. 무는 묘한 힘과 기능을 가지고 있어서 궁극이 허무의 심연이나 결핍의 모자람이 아니라 생기를 만들어 내는 생성의 장소가 되는 것이다. 무욕은 없음이 아니라 만물을 존재케 하는 무욕從容, letting-be의 원천이다. 이 허공의 사이는 무한대의 수용적 너그러움을 표시하고, 무한대의 힘인 에너지를 선물한다.

3

무의 사색

그 사막에서 그는
너무도 외로워
때로는 뒷걸음질로 걸었다

자기 앞에 찍힌
발자국을 보려고

- 오르텅스 블루, 「사막」

창조는 새로운 배열을 만들어내는 힘이다. 이를테면, 습관적으로 하던 생각을 멈추거나 익숙한 논리적 연속성에서 벗어나 다른 곳으로 연결시키는 것이다. 창조는 전혀 듣도 보도 못한 무언가를 만들어내는 것이 아니라 늘 생각하던 논리의 타래를 다른 것과 결합하는 것이다. 창조적인 융합을 위해서는 논리성과 창조성이 탁월하게 연결되어야 한다. 보이지 않는 여백과 보이는 것들의 '사이between'를 보는 힘이 있어야 한다. 자신만이 느끼는 독특한 관점을 가지고 공동선을 위해 숙고하는 사유의 치열함과 제동 장치가 있어야 한다. 그러려면 사색이 필요하다. 나는 무엇을 위해 이토록 치열하게 성실한가? 나는 공공의 선을 위해 어떤 지향성을 가지고 살고 있는가?

창조하는 어린아이는 저항과 씨름을 거친 자유의 아이다. 존재의 가장 밑바닥에서 이 씨름을 해본 자만이 가벼워질 수 있기에, 공포와 고독을 지나 삶의 중의성을 이해한 자만이 일말의 머뭇거림 없이 자기 확신에 사로잡힌 무사유의 기계성을 벗어날 수 있다. 이 어린아이는 마냥 순진한 어린아이도 아니고 사자와 구별된 독립적 어린아이도 아니다. 어린아이 안에는 자발적 복종의 주체인 낙타도 있고 면역학적 패러다임의 사자가 지닌 야수성도 있다. 그 삶 안에 짐을 꽤나 져 보면서 고생한 흔적이 있고, 도저히 그대로는 살 수 없어서 저항을 통해 자유를 얻어낸 경험도 있다. 그리고 그 씨름의 흔적을 통해 이제는 그 안에서 깊은 어린아이, 책임과 저항을 넘어 깊은 영혼의 맑음과 체제가 훼손 불가능한 자유의 놀이터를 발견해 낸 것이다. 그는 사유의 놀이를 감행할 것이고 완전한 이해와 확신을 가지려고 집착하지 않을 것이며 미지에 대한 탐색을 놓지 않을 것이다. 오직 위험한 것은 표상의 공간에서 정주자가 되어 익숙한 곳을 더욱 확대하고 사유하지 않은 채로 굴레의 짐을 지거나, 자기 확신의 힘과 용기에 매여 의문 없이 경쟁하고 타자를 적대시하고 사유 없이 성취하는 일에 매달리는 것이다.

두려움과 억압 속에서 우리들 대부분은 짐 진 낙타로 살고 있다. 구별 짓기의 최대 희생자로, 파격적인 계급 배반의 희열은 꿈꿀 수조차 없는 채로. 분노하는 사자와 어린아이는 발현되지 않은 무의식의 존재를 얼마나 표면으로 끌어낼 수 있는가 하는 잠재성의 중의적 얼굴이다. 이것은 있음과 없음의 이분법적 세계를 벗어나 있다. 신경증적 패러다임 안에서 삶을 새롭게 살아내는 해법은 이러한 '중의성을 이해하고 의식으로 명증한 이분법을 벗어나기'임을 비로소 깨닫는다. 일찍이 서양과 동양의 선승들과 명상가들은 이것을 깨달았기 때문에 자본과 권력의 덫에 걸리지 않았으리라. 그런데 사실 '있다, 없다.'라는 말은 가능한가? 불가능하다. 빛은 물체에 백색광을 비추면 선택된 영역들이 만나 색깔로 표현된다. 소리도 마찬가지이다. 파장의 어떤 조건들이 소리를 만든다. 그래서 '소리가 있다, 없다.', '빛이 있다, 없다.' 라는 말은 정확한 의미를 담는다고 할 수 없다. 그것들은 실은 수많은 결합체의 종합 작품이다. 무無는 모든 있음을 아우르는 거대한 광야와 같고 품이 너른 바다와 같으며 가없는 하늘과 같다. 이것을 이해한다면 나가르주나Nargarjuna[1]를 이해할 수 있다.

공空 혹은 오공悟空은 실체가 없다는 말이다. 그러니 공을 있음과 없음의 면역학적 패러다임에 비추어 논할 수는 없다. 이 없음은 실체론적, 대상적 사고에서 연유된 착각이기 때문이다. 즉, 공이 비록 없음의 상태를 의미하기는 하지만 '있다, 없다'로 나누려는 시도에는 벌써 내가 정해놓은 어떤 대상적인 사유가

---

1 나가르주나 / 인도의 불교 승려이다. 원래 이름은 나가르주나(산스크리트어: नागार्जुन, Nāgārjuna)이나 한문번역어인 용수로 알려졌다. 《중론(中論)》은 대승불교의 핵심 사상 중 하나인 공을 다루며 절대적인 무(無 · 없음)라는 관점에서 공을 파악하지 않고, 모든 것이 서로 관계를 맺는 연기론의 관계에서 공에 대해 파악한다. 그리고 그 결론으로 공·연기·중도는 모두 같은 것이라고 주장한다. 이 책은 일반적으로 난해한 텍스트로 알려져 있다. 그러나 이 난해성은 주체가 아닌 주체를 드러내는 방식에서 유래한 것이다. 연기와 공은 비실체론적 세계관의 필연적 귀결이다.

숨겨져 있다. 그러므로 공은 '있다' 혹은 '없다'로 나눌 수 없는 없음이다. 여기 오래된 나무 한 그루가 있다. 이 나무 안에는 그 나무가 현상적으로 나타나기까지의 수많은 역사와 계보가 들어 있다. 그것을 잉태해 온 수많은 만남과 양분들이 있다. 그래서 나무는 독립된 개체가 아니라 나무가 사는 동안 만났던 시대와 사람들, 매번 죽고 새롭게 났던 수많은 이파리들의 역사 전체이다. 이와 마찬가지로 '나'는 그냥 '나'가 아니다. 추적해보면 나의 뒤에는 누군가가 있고 무언가가 연결되어 있으며 어떤 상징과 계보가 있다. 그러니 내가 어떤 형태가 꼭 있어야 한다고 생각하거나 어떤 방향과 조건이 있어야 한다고 생각한다면 그 이면에 나를 꼼짝 못하게 하는 집착과 욕망이 자리하고 있는 것이다.

효과적으로 다양한 일을 한꺼번에 하는 멀티태스킹과 생존의 본능으로 긴장하며 살아가는 수렵 자유구역의 모습은 현대 문명에서 발견되는 또 다른 강박의 얼굴이다. 무의 사색은 강박을 풀어 헤쳐 가볍게, 그러나 생명력 있게 살아가도록 하는 삶의 쉼표와 선택적 느낌표이다. 그것은 우리에게 익숙한 능동적 몰입이나 집중과는 약간 다르다. 깊고 심심한 기도 가운데 나타나는 새로운 타자의 얼굴이기도 하고, 존재에 깊이 머무르면서 행복하고 여유 있는 자유와 생명의 힘이 자기 안에서 느껴지게 하는 에너지와 의식의 장이기도 하다. 곧바로 본능, 생존, 호기심과 지배욕으로 연결되는 생각의 몰두나 조건에 맞춰서 살아가느라 염려에 매인 상태가 아닌 떨어지고 멈춰서 볼 수 있는 관조의 능력이다. 그러니 멈춰 서서 느리게 사는 영역을 우리의 삶에서 만들라. 그렇다면 우리는 훨씬 더 크고 조화로운 의식의 상태로 살 수 있으리라.

생의 문턱, 무의 사색

  멈춤의 강점은 부분적인 집중과 표면적인 있음을 넘어서 전체를 통찰력 있게 본다는 것에 있다. 없는 것 같지만 그 안에 다 있는 상태, 표면적으로 있는 것 같지만 내면을 들여다보면 없는 것과 같은 상태를 꿰뚫어 본다는 것이다. 그래서 내가 존재하고 있다는 것은 실은 나를 이루고 있는 보이지 않는 거대한 네트워킹과 역설이 작동하고 있다는 것을 아는 것이다. 이러한 사색이야말로 아무리 작은 부분에도 전체를 투영하고, 가까이서 보고 멀리서 보고, 어떤 반목에도 조화와 나를 벗어나게 하는 타자에 대한 공감을 불러일으키는 능력이 아닐까. 사색적인 삶은 아름다운 것과 완전한 것이 변하지 않고 무상하지도 않으며 인간의 손이 미치지 않는 곳에 있다는 존재 경험과 결부되어 있다. 여기서 인간의 손이 미치지 않는 곳에 있다는 말은 단순하게 인간이 볼 수 없는 상태라는 뜻이 아니다. 인간의 손이 만들어내는 실용성과 장치들의 영향력으로부터 벗어나 있다는 뜻이다. 온 우주 만물의 사물들 전체가 본디 그렇게 존재한다는 사실, 그리고 어떤 조작 가능성이나 인위성에서도 벗어나 있다는 사실에 대한 경이감이다. 장치에서 벗어난 생명 자체는 큰 힘을 갖고 있다. 그런데 우리가 그 생명에 주목하지 않고 단지 가볍고 파편화된 실정성과 용도, 욕망에만 귀 기울인다면 사회적 조건화에 갇히게 될 것이다. 그러나 경외감은 장치들이 만들어낸 어떤 조건과 성과에도 갇히지 않는다.

> 교육이나 미디어나 가정환경을 통해 우리의 감각이나 사
> 고는 자신도 모르는 사이에 일정한 관리수준에 맞도록
> 길들여지고 있다. 따라서 자신의 감각이나 사고가 야생
> 의 상태였다는 사실을 잊고 있다. 그러나 단지 잊었을 뿐
> 그 야생은 생명과 연결된 무의식 속에 분명히 살아있다.
>
> - 나카자와 신이치中沢 新一, 『대칭성 인류학』[2]

---

2 나카자와 신이치, 『대칭성 인류학 : 무의식에서 발견하는 대안적 지성』, 김옥
희 옮김 (서울 : 동아시아, 2005), 332-333쪽.

사실 인간의 비극은 선과 악, 옳고 그름을 의식으로 명증하게 알아차릴 수 있다는 오만에서 비롯된 것일지도 모른다. 근대정신의 대부인 칸트Immanuel Kant는 기독교의 창세기 신화를 해석하면서 악을 규범이 아니라 이기심과 연관하여 독특하게 정의한다. 신이 아담에게 금단의 열매를 먹지 말라 금지한 것은 그것을 먹을 경우에 눈이 밝아져 선악을 분별하는 이성이 생기기 때문인데, 그 능력이 이기심과 직결될 경우 악이 된다는 것이다. 칸트에 의하면 악은 자신이 마땅히 해야만 하는 일을 선택하려는 동기보다 자신의 이익을 위해 그 일을 피하려는 동기가 더 커질 때 생기는 이기적 경향성을 말한다. 갈등 상황에 놓인 사람은 흔히 마땅히 해야만 하는 일과 이익이 되는 일 사이에서 고민을 한다. 선은 자기의 이익에 손해를 감수하고라도 '사람이 마땅히 해야만 하는 일'을 하는 것이고, 악은 그 반대로 자신의 이익을 위해 하지 말아야 할 일을 하는 경우라고 할 수 있다. 칸트에 따르면 우리의 행위 준칙은 언제든 도덕 법칙에서 벗어날 수 있다. 그러나 도덕 법칙에서의 벗어남 자체가 곧 악은 아니다. '악'은 그 벗어남의 목적이 자기 자신의 이익을 위한 것일 때 생겨난다.[3] 즉 사람이 자신의 행위 기준을 의도적으로 도덕 법칙에서 자기 이익으로 바꿀 때 악이 발생한다는 것이다.

이러한 칸트의 악에 대한 이 정의는 그가 제시한 '도덕 법칙'을 통해 더 구체화된다. "너의 의지의 준칙이 항상 동시에 보편적 법칙 수립의 원리로서 타당할 수 있도록 그렇게 행위하라."[4] 악은 이기적 목적으로 자신이 마땅히 해야만 하는 일, 즉 보편적 법칙 수립의 원리를 지킬 의무를 행하지 않는 것 또는 스스로의 이성적 판단에 따를 때 반드시 해야만 하는 일을 알고도, 자신에게 이익이 되는 일을 선택하는 것이다. 예를 들어 도둑질이 악한 까닭은 도둑이 자신의 이성적 판단에 따를 때 '악하다'고 여겨지는, 달리 말해, '이성의 법칙에 따라서는 해서는 안 되는 일'을 그 자신의 이익을 위해 깨뜨렸기 때문이다. 그러므로 악은 사람의 선택에 의해 생겨난다. 사람이 스스로의 이성에 따라 마땅히 해야만 하는 어떤 일을 선택하고, 그 일을 의무감으로 해낼 때 그는 선하다. 반면 사람이 자신의 의무를 깨닫고도 그것을 저버린 채 자신의 이익을 위해 그것에 거스르는 짓

---

3 Immanuel Kant, *Die Religion innerhalb der Grenzen der bloßen Vernunft*, Hrsg. V. Wihelm Weischedel, Darmstadt, 1983, Ba. 7, S. p.15-22.

4 임마누엘 칸트, 『실천이성비판』, 백종현 옮김 (서울 : 아카넷, 2003), 86쪽.

을 할 때 그는 악하다는 것이다.

칸트에게 이성은 이기심의 차원에서의 순수 이성의 영역과, 반反이기심의 차원에서의 실천 이성으로 나뉜다. 그의 『순수이성비판Kritik der reinen Vernunft』과 『실천이성비판Kritik der praktischen Vernunft』은 각각 이성의 축복으로서의 과학 기술적 지식에 정당성을 부여하고, 다른 한편으로 이성의 능력이 낳은 과학 기술적 지식은 사랑하되 거기에 깃든 이기심을 극복하기 위하여 이론 이성과 다른 실천 이성을 사회 도덕적으로 요청하는 두 개의 상반된 질서를 구현하려는 야망이다. 그래서 『실천이성비판』의 말미에 기술된 것처럼 그는 "밤하늘에 찬연히 빛나는 별들과 내 마음속에 작용하고 있는 도덕법과 같은 두 개의 경이로운 세계"[5]를 인류의 계몽적 발전의 양대 지주로 삼으려 했다. 이것이야말로 이성적 동물과 이기적 동물이 함께 도달할 수 있는 가장 높은 상아탑을 구현하려는 것이 아니겠는가?

그러나 칸트가 간과한 것은 이기심의 욕망과 도덕적 가치 실현이 본디 명증하게 이원 대립되는 구조에 있지 않다는 것이다. 인간을 이성적 동물로서 의미화할 때, 필연적으로 경제기술주

---

5   위의 책, 271쪽.

의와 사회도덕주의의 이원 대립을 낳는다. 그러나 이성으로 선악을 판단하여 도덕적 실천으로 메꾸려는 저의에는 중요한 전제가 자리하고 있다. 욕망과 가치가 분리 대립되고 있다는 이분법이다. 하지만 삶은 우리에게 말하고 자연 질서는 도도한 우주의 흐름을 통해 말한다. 상생과 상극은 우주의 질서 안에서 대립되지 않으며 이미 삶 속에 얽혀 흐르고 있다는 것을. 선과 악, 욕망과 가치는 칼로 무 자르듯이 그렇게 정확히 쪼개지지 않는다는 것을.

이에 비해 사르트르Jean Paul Sartre는 비록 이분법상의 구도 위에서지만 최소한 중심을 바꿔 놓는 사유를 했다는 의미에서 면역학적 패러다임의 문턱을 넘은 사상가라 할 수 있다. 그의 작품, 『구토』의 주인공은 어떤 공원에서 나무를 보고 갑자기 구역감을 느낀다. 왜 '그것'을 굳이 '나무'라고 불러야 하는지 생각해 본 적이 없었다는 사실을 떠올렸기 때문이다. 유有는 과연 유인가. 나무는 왜 '나무'여야 하는가. 사실 나무가 '나무'로 불릴 이유는 없다. 사람들이 붙인 '나무'라는 이름 자체는 나무의 실체에 대해 아무것도 말해주지 않는다. 그는 그러한 현기증 속에서 치밀어 오르는 구토의 욕구를 느낀다. 자신을 포함한 모든 인간들이 한번도 존재로서 진지하게 살아 본적이 없다는 것을 깨달았던 것이다. 사색하면서 풍경을 바라보는 것도 이와 유사하다. 나의 관점과 언어로 사물을 재단하는 것이 아니라 사물 자체에서 오는 깨달음을 얻게 되는 것이 중요하다.

그는 존재를 사물의 존재 양식인 즉자존재卽者存在, l'être en soi와 인간 의식의 존재 양식인 대자존재對者存在, l'être pour soi로 구분한다. 즉자존재는 사물의 존재 양식으로서 어떤 논리적 필연성도 없이 우연적으로 존재하면서 무의미한 만족과 질문 없는 상태를 거쳐 우매한 나락으로 떨어지는 존재다. 대자존재는 자기가 자기로부터 벗어나 자기를 향해 있어, 자기를 의식하는 존재로서의 인간을 말한다. 이런 인간의 의식은 그자체로는 아무 것도 아닌 공허로서 무언가에 대한 의식으로서만 존재한다. 이 의식은 '무와 공허'로 결여하고 있는 의식인 것이다.[6] 즉, 대자존재는 결여의 속성이 있다. 사르트르는 "대자가 결여하고 있는 것은 자기-또는 즉자로서의 자기 자신-이다."[7]라고 말한다. 결국 대자존재에게 결여된 그 무언가는 즉자존재적 자기로서 그 자체로 충만한 완전한 긍정성으로 고립되어있는 즉자적 자기를 결여한 부정의 존재이다. 사르트르는 다음과 같이 말한다:

---

6   장 폴 사르트르, 『존재와 무』, 정소영 옮김 (서울 : 동서문화사, 2014), 64쪽.

7   위의 책, 178쪽.

대자는 자기의 근거로서는 부정의 나타남이다. 대자는 '자기에 대해' 어떤 존재, 또는 어떤 존재방식을 부인하는 한, 자기에 근거를 부여한다. 대자가 부인하거나 무화하는 것은,… 즉자존재이다. 그러나 어떤 즉자존재라도 좋은 것은 아니다. 인간존재는 무엇보다도 자기 자신의 무이다. 인간존재가 대자로서 자기에 대해 부인하거나 무화하는 것은 '자기'일수 밖에 없다. 그리고 인간존재가 자신의 의미에 있어서 구성되는 것은 이런 무화작용에 의해서이며, 또 인간존재의 무화하는 것이 무화된 것으로서 인간존재 속에 현전함에 의해서이다. 인간존재의 의미를 이루는 것은 결여를 입는 '즉자존재로서의-자기'이다.

- 장 폴 사르트르, 『존재와 무』[8]

이런 대자존재는 어떤 존재의 방식으로도 변용가능하며, 즉자존재와 같은 자체동일성을 이루기를 부정한다는 뜻에서 능

---

8 위의 책, 117쪽.

동적인 비존재이다.

> 무는 존재하는 것이 아니다. 무는 존재되는 것이다. 무
> 는 자기를 무화하는 것이 아니다. 무는 무화되는 것이
> 다. 그렇다면 그 밖에 무를 무화하는 것을 특성으로 하
> 는 하나의 존재, 자기의 존재에 의해 무를 유지하는 것
> 을 특성으로 하는 하나의 존재, 그 존재 자체에 의해
> 끊임없이 무를 지탱하고 있는 하나의 존재, 즉 '무를 사
> 물에게 오게 하는 하나의'존재-이것은 즉자존재일 수가
> 없다-가 존재하지 않으면 안 된다.
>
> - 장 폴 사르트르, 『존재와 무』[9]

　사르트르는 이 즉자적 존재가 늘 만족하는 자기동일적 상태
에 놓여 있기에 배부른 돼지에게 갖는 감정과 같은 구역질을 느
낀다고 표현한다. 그러나 인간은 의식을 지닌 대자존재다. 인간
의 딜레마는 자의식을 인식하기 위해 자기로부터 거리를 두어
야 한다는 것이다. 그는 자기 부정적 존재 양식으로서 자신과

9　위의 책, 74쪽.

거리를 떼고 무의 의미를 창출해야 하는 자이다. 부정과 긍정, 유와 무의 택일적 관계로 읽은 그의 실존주의가 역설적으로 이성주의에 머물 수밖에 없다 할지라도 그의 이분구도는 전통적 서구의 이분법과는 중심점이 다르다. 이유가 무엇인가? 전통적 서구 신학에서는 존재가 즉 의미였는데, 사르트르의 사유에선 정반대로 무無가 의미창출의 진원지가 되고 유有는 구역질을 느끼는 자기동일성의 현상에 불과하기 때문이다.

보이는 것이 다가 아니다. 보이는 것을 인식하는 의식이 다가 아니다. 심지어 허상이며 진원지가 아니다. 나의 것을 기반으로 하는 이기적 이성이든, 우리의 것을 기반으로 하는 반反이기적 이성이든 그것은 그 저변에 흐르는 용用에 기반한 욕망과 권력 장치를 이해하지 못했다. 이성은 자기 안에 잠재된 무의식의 세계와 그 너머 세계를 인식하지 못한다. 아리스토텔레스의 형식논리학[10]이나 라이프니츠Gottfried Wilhelm Leibniz의 충족이유율[11]이 다 여기에 자리잡고 있다. 근대 사상의 최고봉인 헤겔Georg

---

10 아리스토텔레스에 의해 처음 제창된 개념으로 형식논리학이란 사유(思惟)의 내용을 사상(捨象)하고 오로지 그 형식적 원리, 즉 개념·판단·추리의 제형식을 연구하는 학문을 말한다.

11 라이프니츠에 의해 처음 제창된 개념으로 충족이유율이란 '우리는 왜 이렇게 되고 다르게 되지 않았는가라는 충분한 이유가 없다면, 어떠한 사실도 참이라는 것 혹은 존재한다는 것이 있을 수 없고, 어떠한 명제도 진리라는 것이 가능

Wilhelm Friedrich Hegel의 변증법[12] 역시 모순대립을 지양하는 통합의 사상처럼 보이지만 모순을 지양하는 정신 자체가 이미 정正과 반反의 이분대립을 먼저 상정하고 있으면서 서로를 지양하는 것이다.

앎이 의식에 갇히면 아집과 지적 지배욕이 강해진다. 성찰조차도 마찬가지다. 베이컨Francis Bacon이 말한 것처럼 아는 것은 힘이요, 권력이다. 이것이야말로 근대정신을 대변하는 것으로 앎savoir과 권력pouvoir과 소유avoir가 연결되어 중심 기표를 만들고 중심 가치를 만들어 내는 구조인 셈이다. 쿤의 패러다임은 이러한 결합 구조를 정확히 인식한 것으로, 전환은 이 중심 가치에 구멍을 내면서 회심과도 같이 전혀 다른 타자적 개입을 요청한다. 또한 여기서 생기는ereignis/happening 타자는 실체적 명사보다 오히려 생기하는 현상의 의미에 더 가깝다. 생의 사건은 물리적이고 현상적으로 일어남event의 뜻이 아니라, 오히려 기적 같은 그러나 너무나 자연스러운 도래advent로 해석되는 것이 더

하지 않다고 생각한다'는 원리이다.

12 헤겔이 말하는 논리학은 사실의 내용에는 관여하지 않고 오로지 생각하는 방식을 다루는 아리스토텔레스 류의 형식 논리학이 아니다. 헤겔의 논리학은 변증법에 따라 자기 본질을 스스로 사유하는 정신의 체계를 다룬다. 헤겔은 이러한 인식의 3단계를 『정신현상학』에서 '정립-반정립-종합'하는 과정이라고 정립했다.

좋으리라. 존재는 무와 유의 직조로 인해 자연적으로 생성된다. 생명과 죽음의 직조로 우주가 운행하듯이 말이다.

무를 관조하는 사이의 시선

모든 존재는 탄생과 소멸 사이에 있다. 무는 모든 존재의 근거이다. 여기서 근거는 바위 같은 고정불변의 토대라는 의미보다는 무한히 생성하는 것으로서 모든 유한하는 것의 탈근거적 근거이다. 이 양가성과 이중성과 역설이 실체로 환원되지 않고 무한 생성하는 전체성을 그려보라. 이 역설 때문에 사이가 존재한다. 모든 존재는 서로 기대고, 또 보이지 않는 무, 존재와 존재 사이에 기대어 있다. 부버Martin Buber가 '존재론적 사이ontological between'[13]라고 했고, 하이데거Martin Heidegger는 '사이das Zwischen=the between'[14]라고 말한 것을 주목해 보자. 탈근거ground without ground는 허무의 심연을 말하는 것이 아니라 현상을 초탈한 근거 없는 근거이며, 탈구조적 구조이며, 무의 유이다. 모든

---

13 마르틴 부버는 『나와 너』, 『인간의 문제』에서 '나'와 '너'라는 실체주의적인 접근이 아니라 '나'와 '너' 사이에 있는 '관계'와 '만남'에서 비로소 존재의 발견이 일어난다는 점을 주목한다.

14 마르틴 하이데거의 문제작 『존재와 시간』에서 그는 '존재자'와 구별된 '존재'를 명명하며 존재이해를 지니는 현존재의 존재해명에 주목한다.

사물이 처한 조건이다. 무는 대립을 벗어나 있으나 무에 기대어 있는 유는 상관적 대립으로 존재한다. 천국이 있으려면 지옥이 있고 남자가 있으면 여자가 있고 낮이 있으면 밤이 대극의 구도로 존재한다. 그러나 그것이 원 근거는 아니다. 이 상관적 대립은 다만 이 세상의 모든 존재 현상이 그런 차이의 구조로서 생기한다는 것을 가리킨다. 그러므로 만물의 존재 양식은 실체로 이해하면 안 되고 기호학적 차이의 사이 관계에 지나지 않는다는 것을 이해해야 하는 것이다.

존재는 무, 사이의 공과 허에서 생겨난다. 더 엄밀히 말하면 이 사이에서 생성되는 생명욕에서 생겨난다. 여기서 생기를 일으키는 생명욕이 인간의 탐욕을 말하는 것이 아님을 주목하자. 오히려 이 생명욕은 만물의 존재 양식으로서 상호 의존하고 서로 상관적으로 대립binary opposition함으로써 자신의 존재를 발현시킨다. 이 안에서 의존과 대립은 하나로 연결되어 있다. 책상이라는 이름은 무엇 때문에 생긴 것일까? 책상이라는 이름은 그 자체로 실체가 아니다. 앉아서 글을 쓰는 사람, 의자, 그들 간의 관계와 의존과 차이, 무엇보다 이 책상을 생명력 있게 존재하도록 하는 욕구 에너지들의 경합에서 탄생한다. 하지만 책상을 꼭 책상이라고 불러야 할 이유는 없다. 예를 들면 '꾸꾸짜

꾸'라고 이름 붙여도 된다. 즉, '책상'은 용도를 중심으로 한 하나의 생명력 있는 관계들의 집합 기호이다.

이 책상은 책상이 아닌 많은 것들과의 사이와 차이의 관계를 통해, 책상과 대립되거나 의존된 관계 양식을 통해 존재하는 것이다. 사람들의 관습과 행위와 용도와 여기에 붙여진 상징적 의미가 책상을 탄생시켰다. 따라서 책상은 스스로 책상이 된 것이 아니라 수많은 책상이 아닌 것들과의 관계 속에서 탄생한 셈이다. 책상이 의자 없이 탄생할 수 있을까? 아니면 사람들이 다 지렁이처럼 생겨서 책상 앞에 앉을 수 없다면 책상이 필요할까? 그렇지 않다. 모든 현상들, 세계와 보이지 않는 운동력의 묶음들이 책상을 탄생시켰다. 책상은 어떤 관계망들의 상징이다. 그래서 책상은 책상이면서 책상이 아니다. 책상은 이 책상이 존재하게 된 모든 것들의 관계 속에 있는 것이고 우리가 그것을 '책상'이라고 부르도록 약속한 것이다.

사색은 어느 부분에만 집중되어 있는 시선을 이러한 전체 관계망으로 전환하는 것이다. 따라서 그 반대, 사색하지 않는 상태는 전체를 볼 수 없어 자기 안에 고립되거나 고착된 상태이다. 이때 사유는 자기 자신 밖으로 나와서 사물들의 세계 속에 침잠해 볼 수가 없다. 자기 목적, 자기 욕심, 자기 생각과 이기심, 두려움에 갇힌 즉자존재는 그것이 위치하고 있는 관계망들이 보이지 않는다. 한 대상에 꽂히는 몰입attention은 그저 부분에 집중하지만 주의 깊은 사색은 지향성intention을 가지는 것이다. 사색은 애정을 가지고 한 대상이 흐르도록 거리를 둔다. 떠다니는 것, 잘 눈에 띄지 않는 것, 금세 사라져 버리는 것은 원래 있던 것이지 없던 것이 아니다. 우리가 깊은 사색을 통해서 주의 깊게 우리의 삶을 살펴보면 새로운 잠재성들이 눈에 띈다. 거세당한 관조가 돌아다니게 하라. 느리게 가기, 잠깐 멈추기, 게으르기는 끊임없는 시스템의 망 속에서 잠깐 멈춘 채 보이지 않는 그 배후, 그 사이, 그 전체를 보는 것이다.

이 봄seeing은 시선의 지향성과 관계있다. 하나는 풍경을 바라보는 관조자의 시선, 다른 하나는 도끼를 가진 나무꾼의 시선이 가진 지향성이다. 같은 풍경을 바라보아도 나무꾼은 도끼를 가지고 '저 나무가 내게 맞는 나무인가? 내가 원하는 목적에 맞는 나무인가?'하며 나무를 포획하러 찾아다닌다. 이는 용도의 시선이며 소유의 시선이자 집착의 시선이다. 무언가를 포착해서 도구화하려는 사람은 항상 도끼를 들고 있다. 그러나 흐르듯 관조하여 보는 사람은 전체를 지향한다. 나무꾼의 시선으로는 숲 전체를 볼 수 없고 숲 전체 속에서 나무가 어떻게 기능하고 있는지도 볼 수 없다. 자기중심적인 도끼를 가지고 보는 사람은 자기소유와 이기심, 탐구심, 호기심, 지배욕을 충족시키는 대상을 찾아 넘어뜨리는 방식으로 바라본다.

하지만 사색은 풍경을 보듯이, 숲을 보듯이 관계와 사이와 맥락을 보는 것이다. 날아가는 나비 한 마리는 부분이지 풍경이 아니다. 풍경은 어느 하나가 아니라, 모든 것들의 관계이자 사이이자 흐름이자 생기 있는 전체이다. 풍경의 의식으로 본다는 것은 현실을 거부하는 '거리 떼기'가 아니라 현상 하나하나에 묶이지 않는다는 것이다. 이것은 풍경을 음미하듯이 시선을 더욱 풍요하게 만들고 아름다운 것으로 만드는 '전체 보기'와 연결되어 있다. 예를 들어 문장의 풍경 보기는 어떤 단어 하나가 나오면 앞의 단어와는 어떻게 연결되어 있고, 앞의 장이나 전체 구성과는 어떻게 연결되어 있는지 이모저모 품어서 보는 것이다. 어느 하나에 꽂혀서 봄으로써 파편화되지 않고, 배열로 보고 구조로 보는 전체적인 시선을 가질 때 작은 사물이나 물건도 우주가 돌아가는 커다란 수레바퀴의 중심이 될 수 있기에.

무아와 무위

노자老子는 무아無我의 마음과 무위無爲의 행위를 설파한다. 노자 역시 무는 없음을 말하는 것이 아니라 있음의 존재방식과 관계, 그리고 촘촘히 짜인 관계의 장치를 뚫고 지나갈 수 있는 틈, 사이에 대해서 말하려 한다. 그러기에 무의 사색은 면역학적 패러다임의 이분법적인 택일dichotomous either-or, 옳고 그름, 있음과 없음, 적과 동지의 사고를 벗어난다. '진眞 대 위僞'와 '선善 대 악惡'으로 판단하는 태도를 떠난다. 현상적 있음과 이분법이 아닌 무와 잠재성, 무의식과 구조를 꿰뚫어보면서 대립의 경계를 넘어 살아있는 생명의 통찰 의식을 요청한다. 노자老子는『도덕경』에서 다음과 같이 말한다:

道可道 非常道 名可名 非常名. 無名天地之始 有名萬物之母. 故常無欲以觀其妙 常有欲以觀其徼. 此兩者同出而異名. 同謂之玄 玄之又玄 衆妙之門.[15]

여기서 무無는 이름이 없다. 이름은 존재를 의미하는데, 무는

---

15 '도'라고 할 수 있는 '도'는 영원한 '도'가 아닙니다. 이름 지을 수 있는 이름은 영원한 이름이 아닙니다. / 이름 붙일 수 없는 그 무엇이 하늘과 땅의 시원, 이름 붙일 수 있는 것은 온갖 것의 어머니. / 그러므로 언제나 욕심이 없으면 그 신비함을 볼 수 있고, 언제나 욕심이 있으면 그 나타남을 볼 수 있습니다. / 둘 다 근원은 같은 것. 이름이 다를 뿐 둘 다 신비스러운 것. 신비 중의 신비요, 모든 신비의 문입니다. 노자,『도덕경』, 오강남 옮김 (서울 : 현암사, 2014), 19쪽.

존재하는 것이 아니므로 이름이 없고 명사화할 수 없다. 그렇다고 없음도 아니다. 그 무는 처음부터 하늘_天과 땅_地이라는 이름 있음_{有名}과 함께 성립하고 있다는 것이다. 무는 처음부터 형체를 낳은 것이 아니다. 허공의 무가 하늘과 땅의 사이를 갈라놓아서 차이가 생기고 틈이 생겨서 천지가 생긴 것이다. 무는 이미 원형적으로 유와 함께 있었고 그 사이를 갈라서 차이를 만들어 냄으로써 형태가 생겨났다. 유명은 차이가 이름으로 지어진 것이고 개념으로 좌표지어진 것이다. 천하의 만물은 이러한 이름 지어진 모든 것들의 전체이다. 만물은 다양한 명사들과 개념들의 집합이다. 그리고 만물은 이름들의 차이를 드러내는 기호들의 관계다. 책, 하늘, 나무, 사람, 땅 등은 다 만물의 명칭에 속하는데 그 명칭은 만물의 차이를 이름으로 나타낸다. 명사는 차이로서 기호화되고 표시된다.

무는 허무의 심연이 아니다. 그렇게 현상으로 보이는 것뿐이다. 무는 비어 있어 탐욕이 없지만 생명을 생성하는 역동적 힘을 가지고 있다. 어렸을 때 만화에서 만났던 꼬마 무사의 수행 이야기는 무욕의 의미를 생각나게 해 주었다. 무사가 되려고 하는 어느 꼬마가 수행을 위해 길을 떠나 마침내 스승을 만났다. 첫 번째 수양은 물 위를 빠지지 않고 걸어가는 것. 스승은 아무

것도 자기를 끌어당기지 않아 휘청거리지 않을 때 마침내 물 위를 걸을 수 있다고 가르쳐 주었다. 시간이 지나자 드디어 물 위를 걸을 수 있는 황홀의 경지에 이르게 되었다. 그런데 이 무사가 흔들리는 순간은 푼크툼이 열리는 순간이다. 푼크툼은 라틴어로 뾰족한 물체로 인해 받은 상처로, 롤랑 바르트는 의식을 찌르는 돌발의 지점이라고 앞서 언급한 바 있다. 엄마가 보고 싶을 때, 부잣집 아이가 먹고 있던 눈깔사탕이 먹고 싶을 때, 자기 동네에 살고 있는 예쁜 소녀가 생각날 때, 즉 견고한 척했던 혹은 견고해 보이던 세계의 피부가 찢어질 때, 그리고 소통 불가능한 상처가 속살을 보일 때인 셈이다. 스승은 말한다. "정말 아무것도 너의 마음을 흔드는 것이 없어졌을 때, 온전히 마음이 비워졌을 때, 그리고 네 안의 생기가 너를 온전히 잡고 있을 때 비로소 너는 물 위를 걸을 수 있을 것이다."

이 만화가 심상치 않았다고 느꼈던 것은 비움과 채움의 조화 때문이었다. 그저 '마음이 비워졌을 때'가 아니라 '네 안의 생기가 온전히 사로잡을 때'라니! 노자는 무의 본질을 묘妙라고 읽었다. 무는 묘한 힘과 기능을 가지고 있어서 궁극이 허무의 심연이나 결핍의 모자람이 아니라 생기를 만들어 내는 생성의 장소가 되는 것이다. 무욕은 없음이 아니라 만물을 존재케 하는 무욕從容, letting-be의 원천이다. 이 허공의 사이는 무한대의 수용적 너그러움을 표시하고 무한대의 힘인 에너지를 선물한다.

무와 유는 서로 함께 연결되어 있다. 만물이 있기에 우리는 어떤 것이 있음을 느낀다. 역설적으로 만물이 함께 있으므로 우리는 또 아무것도 없는 사이를 지각한다. 하늘의 태양과 구름, 새들의 날갯짓, 밤하늘의 달과 별, 장미, 새우, 가시나무, 강아지, 집과 가로등의 반짝거림을 통하여 그것들이 존재하는 사이가 허공임을 지각한다. 그러므로 만물은 이 무와 유가 생명욕으로 하나가 되어 존재하는 것이다. 그러나 보이는 유를 실체적인 것으로 사유하면 둘을 대립적인 것으로 보게 된다.

모든 비어있는 것은 받아들이고 흘려 보내는 생명의 통로이다. 계곡은 비어 있어서 물을 받아들이고 또 흘려 보낸다. 계곡의 비어 있음은 물을 받아들이고 흘려 보내는 생명의 교류의 장소로 존재하기 위함인 것이다. 모든 존재는 타자를 받아서 연결하고 보내주는 관계로 살아가고 있다. 살기 위해 비어 있다. 여기서 주목할 것은 무욕이 그저 욕심 없음이 아니라는 것이다. 그렇다고 탐욕스러움인 것도 아니다. 만물이 존재하는 방식으로서의 유욕은 생명이 살아가는 자연스러운 흐름과 같다. 이 생명의 욕구는 이분법적인 택일이 아니다. 일면적인 것도 아니다. 관계적이며 양가적이다. 힘이 있고 오묘하다. 절대적이고 고정된 것에 갇히지 않는다. 융_{Karl Jung}의 심리학이 가르쳐 주듯이 모든 심리 현상도 역시 다 양가적이다. 의식적 가면으로서의 페르조나_{persona}[16]는 필연적으로 그 무의식의 그림자로서 페르조나와 다른 그림자_{shadow}를 품고 있다는 것이다. 독선적인 절대는 반드시 아집과 교만을 낳는다. 노자는 모든 존재의 현상을 대대법으로 보기를 종용한다. 그런 대대법이 유무, 길고 짧음, 높고 낮음, 음양, 전후, 남성성과 여성성, 이성과 감성 등의 양가성이다. 이것은 15세기 독일의 신학자 쿠자누스_{Nicolaus Kusanus}가 말한 '대립자의 일치_{coincidentia oppositorum}'[17]와 닮았고, 오토_{Rudolf}

16 페르조나(persona) / 에트루리아의 어릿광대들이 쓰던 가면을 나타내는 라틴어에서 유래된 용어로, 진정한 자신과는 달리 다른 사람이나 사회적으로 투사된 성격인 외적 인격, 혹은 가면을 쓴 인격을 의미한다. 칼 구스타프 융(Carl Gustav Jung)에 의하면 사람의 마음은 의식과 무의식으로 구성되며, 자아는 의식의 영역을 담당하고 페르조나는 무의식의 열등한 인격으로 자아의 어두운 영역이다. 그에 따르면 페르조나가 있기 때문에 개인은 사회 속에서 자신의 역할을 감당할 수 있고 고유한 심리구조와 사회적 요구간의 타협을 통해 주변의 세계와 상호관계를 맺을 수 있다. 그러나 페르조나는 자기의 원 모습과는 차이가 있으므로 지나치게 팽창될 경우 내면적 갈등을 느끼게 된다. 여기서 자기 실현은 팽창한 페르조나에서 자신의 본성을 향해가는 과정이라 할 수 있다.

17 대립자의 일치 / 니콜라우스 쿠자누스(Nicolaus Cusanus, 1401년~1464년)는 독일의 철학자·신학자, 법학자, 그리고 천문학자이다. 중세를 벗어나 근대로 들어서는 문턱에 있는 근세철학의 선구적 사상가이며 성직자로서 교회개혁에 진력하였다. 감성과 오성, 이성을 구분하여 칸트에 앞서서 칸트의 이론을 펼친 사람이다. 무한자의 개별적인 제한으로서 개체를 강조했고 모든 개체들은 저

$_{\text{Otto}}$가 말한 '누미노제'[18]의 양가적 원형과도 서로 닮았다.

무위의 위, 레이마들

아감벤 역시 또 다른 시각으로서 무위의 행동을 통해 장치를 해체하는 구체적 방법을 제공한다.[19] 장치의 역사는 오래된 것이며 모든 영역에 스며들어 있는 안개와 같은 것이다. 이것은 여러 요소의 네트워크라는 거대한 구조망과 같은 것으로서 공적 권력의 집행과 정당성 사이에는 애초에 아무런 연관이 없다는 것을 전제로 한다. 따라서 그에게 장치를 중단하는 방법이

마다의 방법으로 하나님을 나타낸다고 보았다. 그에 의하면 우리의 지식은 무지이며 우리가 안다는 것은 모른다는 것을 말한다. 그러므로 무지가 곧 지식이다. 그는 반대되는 것들의 일치를 논한다. 반면 신은 모든 것 속의 모든 것이며 모든 대립되는 것들의 일치. 무한자로서의 신에게서는 모든 모순이 통일된다. 이러한 모순의 통일은 헤겔의 정립, 반립, 종합이라는 변증법보다 앞선 것이다.

18 누미노제(numinose) / 저명한 독일 루터교 신학자, 철학자, 비교 종교가인 루돌프 오토(Rudolf Otto)의 용어이다. 라틴어 numen의 형용사 numinos로부터 종교적 경험에 있어서의 비합리적인 것을 나타내기 위해 만든 말로서 인간이 거룩한 하나님 앞에 섰을 때 느끼는 피조물적 무화의 감정이다. 이 개념은 슐라이에르마허가 말한 거룩한 존재에 대한 의존 감정이 아니라 더 깊고 심원한 감각이다. 누미노제는 압도적 절대 타자 앞에서 느끼는 경외감, 두려움, 떨림의 감정과 종교적 매혹(tremendum ac fascinosum)을 내포하고 있다.

19 Giorgio Agamben, *The Coming Community*, Trans. Michael Hardt (Minneapolis, London University of Minnesota Press,2001), p.31-32. 이 주제에 대해 필자는 『영성, 삶으로 풀어내기』, (서울 : 대한기독교서회, 2013), 5부 1장(p.212-213)에서 자세히 논의하였다. 이하의 글은 그 내용의 상당부분을 포함하고 있음을 밝힌다.

란 법의 폐기가 아니다. 작동 장치를 멈추게 하는 무용화이며, 통치당하지 않는 기술이며, 새로운 창조를 만들어 내는 잠재성과 사이 공간이다.

그에 따르면 장치를 무화시키고 새로운 창조를 가능케 하는 두 가지 잠재성이 있다. 무엇이 되는 잠재성potentiality to be과 무위의 잠재성potentiality not to be이다. 바로 이 무엇이 되지 않는 잠재성을 확보하려면 참된 의미에서 죽을 수 있는 힘을 자신의 몸에 새길 수 있어야 한다. 최상의 힘은 되기를 멈추는 힘, 무위의 힘power to not-be, 장치에 붙잡히지 않을 수 있는 힘이다. 무위의 힘은 역설적이지만 잠재성 그 자체로서 여기서 '무엇'은 본질essence도 아니며 완전하게 '무엇'thing도 아니다. 한 사람이 아무런 공적 사용에도 물들지 않고 가능성 혹은 잠재력으로 존재한다는 단순하고 순수한 사실 그 자체이다. 그러나 이 단순한 사실은 인간이 가장 올바른 존재로 존재하는 것이 어떤 의미에서 그렇게 존재하지 않을 수 있는 것이 되는지, 어떤 의미에서 죽을 수 있는 것이 되는지를 묻는 지향성과 항상 연결된다.

이 무위의 잠재성은 '무엇이든지whatever'로 변용 가능한 '변용 능력'과도 연결된다. 이것은 모든 자원에 대해 차별하지 않지만 가장 생기있는 촉발점을 개성화하고 전파하여 그것들을 사랑스러운 것으로 변화시킨다. 중요한 것은 그 무차별성이 무위의 공통적 본성에 속한 것과 적합한 것인 한in quantum 그렇다는 점이다.[20] 미리 정해진 것은 없으나 온전히 속함belonging, 어떤 것이 됨being-such은 오직 이 빔empty의 공간에서 불확정적 전체성indeterminate totality과 관계할 때만 존재한다. 무위의 잠재성이 가진 가장 강력한 장점은 모든 것을 할 수 있으나 그것을 위해 일단 멈출 수 있는 힘이다.

아감벤이 말하는 장치는 앞서도 말했듯 법, 정치적 규약, 서식, 군사조직, 제도나 법령, 종교 교리와 제도 등 모든 곳에서 작동한다. 현 시대의 정치학은 전통과 믿음, 종교, 자기 정체성과 공동체로부터 사람들을 떼어 놓는다. 장치들은 사람들을 표면적으로는 연결하는 것 같으나 소외로 몰고 가도록 작동하므로 무위의 언어와 삶의 방식을 익힌 자들만이 잠재성을 발휘할 수 있다. 무위의 잠재성은 쉽사리 장치에 포획당하지 않는 힘이며, 현실태 이후에도 살아남을 수 있는 잉여의 힘이기도 하다.

그런 의미에서 잠재성의 본질이자 자연 생명인 조에zoe는 우

---

20 위의 책, p.18.

리를 무위로 살아가게 하는 기표화된 삶의 방식인 비오스_{bios}와 대립되는 말로 모든 자연 생명체에 공통되는 살아있는 생명력을 의미한다. 즉 "나는 내가 하는 일을 도무지 알 수가 없습니다. 내가 해야겠다고 생각하는 일은 하지 않고 도리어 해서는 안 되겠다고 생각하는 일을 하고 있으니 말입니다._{로마서 7:15}"라고 하는 욕동의 자각으로부터 출발하여, "이제는 내가 사는 것이 아니라 오직 그리스도께서 사는 것_{갈라디아서 2:20}"이라는 조에의 실현과 향유를 지금 여기 누리는 것이다. 무위의 잠재성은 단순한 욕망의 생성과 편집증적 돌파가 아닌 진정한 초월적 경험, 절대 타자의 개입이 일어나는 장소이다. 따라서 무위는 아무 소유나 기능, 행위가 없어도 정해진 목적에 종속되지 않아도 위대한 잠재성 자체만이 존재하는 것이라고 할 수 있다.

그렇다면 구체적으로 이 무위의 잠재성은 어떻게 실현되는가? 이 과정은 구체적으로는 첫째, 장치에 포획되지 않는 예외 상태의 레이마와 둘째, 장치의 무력화를 통해 이루어진다. 먼저 레이마는 남겨진 자들_{remnant}의 그리스어로서 아감벤은 이 개념을 통해 메시아적 시간의 도래를 위해 은총으로 뽑혀진 자들을 불러온다. 그들은 아무것도 하지 않으나 모든 것을 할 수 있는 잠재성을 가진 자들이다. 아감벤은 로마서 2장 28-29절의 해석을 통해 레이마의 개념과 메시아적 법이 도래하는 과정을 설명한다.

> 대저 표면적 유대인이 유대인이 아니요 표면적 육신의 할례가 할례가 아니라 오직 이면적 유대인이 유대인이며 할례는 마음에 할지니 신령에 있고 의문에 있지 아니한 것이라 그 칭찬이 사람에게서가 아니요 다만 하나님에게서 이니라.
>
> - 『로마서』 2장 28-29절

면역적 패러다임은 유대인과 비유대인, 선택된 자들과 이교도들, 할례를 받은 자들과 포피包皮를 가진 자들 사이의 분리를 기초로 작동한다. 바울은 이중 분리, 즉 유대인은 표면적 유대인과 신령한 유대인으로 나누고, 할례 받지 못한 비-유대인에게도 같은 방식을 적용함으로써, 이 이중 부정을 통해 표면적 긍정과 부정의 이항대립 구도가 무너지게 만든다. 결과적으로 표면적 할례를 받은 유대인과 대립되는 '비-비-유대인'이 '레이마남은 자'로 남는다. 이 분리 기능에 의해 메시아 안에서 법은 예외 상태에서와 같이 내부와 외부가 구분할 수 없는 무경계의 패러다임이 생기게 된다. 이는 단순히 법의 내부에 있는 유대인과 외부에 있는 비-유대인에게 똑같은 법의 적용이 실행된다는 의미가 아니다. 비-비-유대인, 즉 '레이마'라는 개념의 도입을 통해서 잠재성이 온전히 실현될 역설적 예외 상태가 성립한다는 의미이다. 이제 율법은 메시아를 통해서 완수되는 동시에 해제되는 지양aufhebung을 겪게 된다. 메시아적 충만pléōa은 예외 상태가 지양해야 할 지향성이며 지금 여기, 이미already와 아직yet으로 혼재된 잠재성이다.

둘째, 장치의 무력화는 무위의 힘과 세키나shekinah의 세속화를 통해 실현된다. 여기에는 상품 자본주의와 전체주의 장치가 주는 보호와 혜택을 포기해야 하는 대가가 따른다. 예를 들어 도시의 거리에 쏟아져 나오는 광고를 접하고 돈이 있으면서도 구매행위를 하지 않는 힘이 필요하다. 즉 장치 자체로부터 물러섬으로써 결국 자본이 우리를 소비 주체의 범주에 넣지 않고 포기하도록 만드는 것이다. 이것은 자본이 우리를 망각한 것이 아니라 우리가 자본을 망각한 것이며 자본은 우리의 망각 앞에 무력해지는 것이다. 즉, 장치의 시선에 포획되지 않음으로써 누구도 무엇도 갖지 않는 예외적인 무의 자원을 확보하는 것이다.

또한 세키나의 세속화를 통해 메시아적 지양이 일어날 잠재성을 열어야 한다. 아감벤은 세키나의 고립이 현 시대의 조건을 가장 잘 표현한다고 말한다. 세키나의 고립은 역설적으로 가장 신성을 모방하는 우상 장치로 변질된다. 세키나는 상품화된 가짜 장치들을 통해 '신성의 특성'을 구경거리가 된 상품으로 만들어지거나 독재자들의 조작된 신성으로 대체된다. 이 사회에서는 언어 소통을 통해 일치하고 결정하는 시민 사회의 힘이 사라지고, 저널리스트와 정보 매체 지배자들이 이 인간의 언어적 본성에서 멀어지게 하는 새로운 성직자들로 등극한다. '무엇이든' 될 수 있는 신성의 육화는 대량적으로 조작되고 흉내 내어진다. 이러한 체제에서 레마들은 조작되고 고립된 세키나의 세계를 분할하고 부정하여 진정한 세키나의 세속화가 일어나도록 하는 예언적 지성들이다.

더 무엇이 필요한가? 아감벤은 단순하다. 무위의 잠재성은 우상에로의 복종을 가능케 하는 모든 것을 멈추는 존재의 힘이다. 그는 모든 것을 파괴할 필요도 없고 완전히 새로운 세상을 시작할 필요도 없다고 말한다. 알아차림과 약간의 치환_{displace}만으로 충분히 장치를 빠져나가 사색하고 연대하는 것으로부터 출발할 수 있다. 그것은 무엇이 신성의 세키나를 대체하고 있는지, 그 의미와 한계를 확인하는 것이다. 그리고 그 틈들을 예민하게 되살피면서 '그것들' 안에 있는 것이 아니라 그것들의 외면periphery인 모든 '것'thing과 '그 자체'itself 사이에 있는 빈 공간을 탐색해야 한다. 그곳에서 모든 것이 완벽할 수 있는 잠재성, 우리의 무능성과 한계를 만나고 무엇이든 될 수 있는 종말론적 타자를 기다려야 한다.

 여기서 다시 한 번 무가 '아무것도 하지 않으렵니다.'라고 하는 단순한 부정만이 아님을 상기하자. 생명을 생성하는 무위란 '아무것도 하지 않음'에 존재하는 것도 종말론의 끝에서만 존재하는 것이 아니다. 생명을 불러일으키는 무위는 신성, 스스로 계신 자, 절대 타자 등 다양한 이름으로 불린 존재에, '모든' 피조물들이 거기에 매달려 있는, 이름 붙일 수 없는 무에서 이미 현존한다. 무위는 스스로 무언가를 의식적으로 이성을 사용해서 무화시키거나 배제함으로써가 아니라 모든 것을 포함하되 그것을 초월하는 것으로서, 긍정과 부정의 역설을 포함한다. 무위란 진정으로 경계에 서 있는 벌거벗은 생명 자체이며, 결코 단일하게 정의 내릴 수 없는 것 ― 열린 것도 닫힌 것도 아닌 ― 으로서, 이는 진정으로 무언가 다른 것이 될 수 있는 무한한 잠재성의 힘이 누구에게나 열릴 수 있다고 초대한다. 그것은 진실로 실존적인 무위의 잠재성 '자체'로서 정지해 있지 않으며 가만히 있지도 않는다.

> 생명은 결코 정지해 있지 않다. 만일 생명이 번성하지
> 않는다면 그것은 시든다. 네가 생명의 새로운 원천을
> 계속해서 발견하지 않는다면 너는 무덤을 향해 걷는 것
> 이다. 생성은 항상 불안정하게 남는다. … 조심하라, 만
> 일 네가 좀 더 살아있도록 노력하지 않으면 너는 이미
> 죽은 것이다. 저울이 기우는 것은 순식간이다. 너는 비
> 탈로 내려가는 너 자신을 발견할 것이다. 네가 생명의
> 운동을 멈추거나 극복할 수 없다는 것을 기억하는 것
> 이 네가 필요로 하는 전부이다.[21]

> - 뤼스 이리가레, 『Marine Lover of Friedrich Nietzsche』

그러므로 진정한 무위의 잠재성이 생명으로 연결되는 것은
단순한 저항의 문제만이 아니라 동시적 상호관계성이 생명으
로 막힘없이 흘러갈 수 있는가, 무위를 통한 저항의 장소가 모
성적 포용의 공간이 될 수 있는가 하는 문제이다. 그것은 잠재

---

21 Luce Irigaray, *Marine Lover of Friedrich Nietzsche*, trans. Gillian
Gill (New York: Columbia University Press, 1991), p.41.

성의 생성 자체이다. 그러므로 무위의 잠재성이란 불확실한 미래의 끊임없는 생성에 스스로 참여하는 것이다. 그 미래는 여전히 불확실하고 무엇이든 될 수 있으며 동시에 무엇이든 하지 않을 수 있는 역생성적 잠재성의 공간을 가지고 있다.

　성과와 소진, 종교를 치유하고 장치에 매몰되지 않으면서도 타자와 함께 포옹하여 녹아내는 사랑의 공동체야말로 이 잠재성을 펼치는 공간이 아닐까? 그리고 이 무위의 위로서의 사랑의 공동체는 절대 타자이신 하나님이 인간이 되어 소통하신 사랑, 인간이 자연과 세계와 하나가 된 사랑의 성령으로 장치를 무화시키며 생명이 이끄는 세계로 우리를 초대하게 할 것이다. 기도란 보이는 무의 세계를 보이지 않는 세계와 한데 얽혀 광대한 생명 공동체 속으로 들어가게 하는 능력이기에.

사랑을 계속 유지하기 위해 이용할 수 있는 것으로 선물과 끌림, 두 가지 방편이 있다. 내가 상대에게 계속 매혹적인 존재가 되어야 하며 또 그러한 존재됨을 유지하기 위해 선물이 필요하다. 나카자와 신이치中沢 新一의『사랑과 경제의 로고스』는 선물의 신화적 본질과 사랑이 지닌 경제적 관계에 주목하면서 저자는 왜 우리의 삶이 이토록 황폐해졌는지에 주목한다.

4

타자, 그리고 사랑에 대하여

나는
네가 생각하는 내가 아니다
나는
네가 생각하지 않는 곳에 있다

- 롤랑 바르트, 『신화학』

어떻게 사랑을 만나고 지속하며 그로부터 새롭게 삶을 살고 성숙하게 되는가. 이를 위해 작은 용기가 필요하다. 사랑은 시행착오를 통해서만 배운다. 명확히 이름 붙일 수 있는 모든 것들은 우리를 아프게 하지 않는다. 우리가 사랑하는 대상을 알고 있다는 오만과 이별하는 순간, 신기하게도 닫혔던 관계의 빗장이 열리는 것을 경험하게 된다. 사실 자신도 자신을 사랑하기 어려운 세태 속에서 타자를 사랑한다는 것은 일종의 환상과 싸우는 일일지도 모른다.

　누군가를 사랑한다는 것은 구체적으로 감정을 주고받는 대상이 존재한다는 것이다. 이런 의미에서 "나는 조건 없이 사랑해요."라는 말은 실은 그 순간부터 신적 사랑의 영역이 시작된다는 것이다. 일반적으로 사람들은 누군가를 사랑할 때 상대방역시 나를 사랑하기를, 나를 선택해주기를 기대한다. 그것은 그 관계가 일방적으로 강요할 수 없는 자유와 선택으로 돌입했음을 의미한다. 이 자유를 기반으로 그 다음 챕터가 열린다. 그래서 사랑이 시작된다는 것은 또한 자유의 긴장이 시작된다는 것이다. 그 자유에는 아무도 자기 욕망대로 고집할 수 없다는 것과 사랑에 대한 모든 가능성이 포함되어 있다. 언젠가 사랑하는 사람에게 가장 귀한 존재가 될 수 없을지도 모른다는 것,

이별, 이혼, 죽음까지도.

사람 간의 사랑이 유연한 자유에 기초하고 있듯, 신과의 사랑에서도 불변성을 고집할 수는 없다. 그건 사랑이 아니라 사랑이라는 이름을 걸고 안정과 보상을 기대하는 것이다. 우리는 신에 대한 사랑 속에서 신성이 명증하게 나타날 수 있다는 믿음과 싸워야 하고 욕망의 투사와 세계관이 주는 환상과 싸워야 한다. 그것은 우리가 기대하고 바라보았던 모든 것이 사라지는 것이기에 마치 빛이 없어진 어두운 밤 속에 있는 것과 같다. 종교에 기댈 때 우리는 어떤 경우라도 신은 나의 기대를 절대 배신하지 않아야 한다는 욕망을 가진다. 영원한 사랑이라는 말 속에는 우리가 가지고 있는 불안, 자유에 대한 두려움 등을 해소시키고자 하는 욕망이 도사리고 있다는 뜻이다. 그러나 사랑은 그러한 두려움에 얽매이지 않는다. 사랑과 삶은 마치 쌍둥이처럼 만남과 이별, 삶의 배열을 새롭게 하는 창조를 겪으면서 완전성을 만들어 간다.

배열의 틈에 빛이 들어올 때

사랑이 존재하려면 마주쳐야 한다. 마주침은 그저 만난다는 뜻이 아니다. 마주침은 삶에 '새로운 교차배열'이 생겼다는 뜻이다. 어느 순간 익숙한 삶의 풍경에 색다른 배열이 생겨나고 그곳에 빛이 입혀졌다는 것이다. 주체는 자신이 선택하는 온전한 내 삶을 시작하기 위해 기존의 의미 체계나 배열과는 다른 체계를 생산할 수 있어야 한다. 중요한 것은 이 변화를 가능하게 하는 것이 주체 자신의 독립적이고 순수한 결단만이 아니라 주체가 '마주친' 타자와의 관계라는 사실이다. 기존의 의미에 틈을 만드는 타자와의 마주침을 통해서만 주체는 의미가 새롭게 생겨날 수 있다. 즉, 주체는 자신의 존재를 집요하게 유지하려는 '코나투스$_{Conatus}$'가 있으며, 자신들의 배열을 유지하려는 속성을 가지고 있다. 이 힘과 의지를 타고난 개인들이 서로 마주치면서 새로운 의미체계가 생겨난다. "비가 온다. 그러니 우선 이 책이 그저 비에 관한 책이 되기를."[1] 이 매력적인 문장으로 시작하는 논문은 알튀세르$_{Louis Althusser}$의 「마주침의 유물론이라는 은밀한 흐름」이다. 그에 따르면, 실체론과 목적론은 무

---

1 루이 알튀세르, 『철학과 맑스주의 : 우발성의 유물론을 위하여』, 서관모·백승욱 옮김 (서울 : 새길, 1996), 35쪽. 위 논문은 이 책의 1장에 수록되어 있다. 루이 알튀세르(Louis Althusser, 1918~1990)는 '비의 철학자'였다. 그 비는 허공(공백, le vide) 속에 평행으로 내리는 에피쿠로스의 원자들의 '비'(루크레티우스), 스피노자(1632~1677)의, 또한 마키아벨리(1469~1527), 홉즈(1558~1679), 루소(1712~1778), 맑스, 하이데거와 또 데리다 같은 이들에게서 보이는, 무한한 속성들의 평행(parallélisme)이라는 '비'다.

언가를 창조하는 동인이 아니다. 세계는 무언가를 위해 만들어지지 않았다. 자연도 인간의 목적을 위한 수단이 되고자 창조된 것이 아니다. 바다는 단지 거기 있었을 뿐이다. 태양도 거기 있을 뿐이다. 그러나 목적론은 어떤 일의 결과를 두고 그것을 원인이라고 너무 쉽게 생각해 버린다. 알튀세르는 목적론의 자리에 '아무것도 없음'을 대치시키고 만약 무언가가 있다면 '에피쿠로스_epikuros'의 세계관처럼 "허공 속에 평행으로 내리는 원자들의 비"일 것이라고 말한다. 세계 형성 이전에 무수한 원자가 허공 속에서 평행으로 떨어졌다. 새로운 사건이 일어나기 전, 우발적 사건이 생기기 전, 창조가 일어나기 전의 상태다. 이 선상에서는 서로 마주칠 가능성이란 없다. 원자들의 비, 에피쿠로스_Epikuros의 세계관에서 최초의 상태는 이렇게 원자들이 서로 마주치지 않고 평행하게 허공 속을 무한히 내리는 광경이다. 여기서 평행이란 서로 가지고 있는 '자기만의 삶의 배열'을 가지고 간다는 뜻이다. 그 배열에는 일상을 유지하던 규칙, 취향, 관계 등이 고스란히 들어있다. 자기만의 배열에는 그렇게 하도록 하는 내적 필연성이 존재한다. 여기에 자신이 걸어가야 하는 소명의 정당성, 운명의 덫, 자기방어도 함께 작용한다. 마주치지 않는 평행의 상태에서는 아무 일도 일어나지 않는다.

그런데 우연히 원자들의 마주침을 가능하게 한 어떤 틈이 생겨난다. 이 틈은 주어진 관성적 운동에서 벗어나려는 계기가 생겨날 때이다. 가령 중력에 의해 낙하하는 것은 아무리 빨리 떨어진다 해도 속도를 갖는 것은 아니라고 할 수 있는데 그 이유는 다만 중력에 끌려 내려갈 뿐이기 때문이다. 자신의 고유한 속도는 그 중력을 벗어나는 힘에 의해 정의된다. 중력이나 관성에서 벗어날 수 있는 힘을 가질 때, 거기서 벗어나는 성분을 '클리나멘clinamen'이라고 한다. 이때 평행하게 내리는 원자의 빗줄기 속에 미세한 빗겨남이 발생한다. 그것은 아무런 관련이 없어 보이는 것들이 서로 우연히 마주치고 부딪힘으로써 형성된 관점이다.

주사위 놀이처럼 경우의 수는 다양하다. 길을 가다 모르는 사람과 마주치는 경우 혹은 늘 상관없이 지나치다가 불현듯 색다른 느낌으로 마주치는 경우, 수업을 빼먹고 돌아다니는데 훈육 선생을 만나는 경우, 구두굽이 부러져서 고개를 숙인 순간 꼭 만나야 할 사람이 지나가는 경우…. 우리는 다양한 마주침에서 오는 다양한 변수들을 상상해 볼 수 있다. 이러한 우발적 만남에 주체와 배열의 개념이 도입되면 '독립된 계열들의 마주침'이 형성된다. 하나의 계열이 만들어지기 위해서는 연속과 반복이 있어야 하고 그것을 인식하고 반복하는 주체가 있어야 한다. 다시 말해 인식론적으로 재-인再-認; re-cognize이 가능해야 하고 그것을 작동시키는 몸이 있어야 한다. 주체는 이 몸을 통해 자기 배열을 만든다. 어떤 신체에 그가 한 행동들과 속성들이 쌓이고 새겨질 때 하나의 주체가 탄생한다. 여기서 목적적 주체를 우발적으로 움직이게 하는 것은 틈을 벌일 수 있는 감정과 욕망이지 이성적이고 합리적인 목적성이 아니다. 이성은 성찰과 행위의 정당화를 담당하는 능력일 뿐이다. 서로의 욕망이 우발적으로 마주칠 때 그 틈바구니에서 이전에 느낄 수 없었던 빛이 드러날 때 사랑이 싹튼다. 그것은 한편으로는 기존의 기계적인 배열에서 벗어나는 행위이며, 다른 한편으로는 빗겨난 다른 배열에 자신을 소속시키는 행위다.

그러므로 목적을 가지고 습관적으로 같은 일들을 빠르게 반복해야 하는 전문가들에게는 새로운 만남이 형성될 여지가 없다. 재단사는 옷을 만들기 위해 천 가게가 있는 동대문으로 향한다. 그가 동대문에 가는 이유는 언제나 천을 사서 옷을 만들어야 한다는 내적 필연성, 즉 목적성에 의한 것이다. 이 일이 반복될수록 동대문은 천을 사러 가는 것이라는 목적성만 존재하는 곳이 되고, 이 일을 더 효과적으로 수행하려는 속도가 붙는다. 같은 배열에 효용성이 더해져서 속도가 붙는 것이다. 이때 재단사에게 동대문이라는 장소는 언제나 천을 사는 것과 연관된 인과적인 필연성과 효용성만 있는 곳이다. 다른 사건이 우발적으로 일어나지 않는 한, 새로운 마주침이 비집고 들어갈 틈새가 없다.

수많은 사람들이 광장에 모여 있다고 해보자. 이들은 각자 가지고 있는 내적 필연성에 따라서 행동한다. A라는 학생은 '중간고사 잘 봐야 되는데' 라는 생각에 따라 행동하고, B라는 사람은 '빨리 예쁜 옷을 사야하는데' 라고 걱정하면서 걸어간다. 이렇게 모두 자기만의 내적 필연성과 규칙을 가진 채 평행적으로 배열되어 있다면 이 사람들이 아무리 만나도 마주침은 이루어지지 않는다. 각자의 규칙에 갇힌 배열이 우발적으로 틀어져 서로 교차될 때 비로소 마주침이 일어난다.

사랑의 요소가 새롭게 발생되도록 하려면 그것이 유지되어 온 배열이 바뀌어야 한다. 신적 사랑 역시 마찬가지다. 제자도는 아버지와 어머니가 만들어 놓은 세상에서 안주하던 내가 신적 타자성과 교차하면서 새로운 배열을 만들어 냈다는 뜻이다. 새로운 마주침은 우리가 속한 세계의 내적 필연성을 조율하게 만들고 새로운 가능성을 유발시킨다. 경쟁적으로 바쁜 도시에서 그토록 많은 사람들이 서로를 스쳐가도 마주침이 일어나지 않는 이유는 빠르게 반복되는 일상이 어떤 사소한 차이도 용납하지 않기 때문이다.

이렇게 무한히 반복되는 삶에서 아주 작은 틈이 벌어진다. 예를 들어 어떤 사람이 세미나를 계획하고 있다고 생각해 보자. 그는 아침부터 밤까지 세미나를 준비하는 데 모든 시간을 쓰고 있다. 그런데 갑자기 돌발 상황이 벌어진다. 이때 그 상황을 무시해 버리면 아무런 새로운 일이 일어나지 않는다. 이 사소한 상황이 벌어질 여백을 열어둘 때 작은 편차와 마주칠 수 있다. 이 여백이 '사색적 장場'이다. 사색의 장은 이 작은 편차, 새로운 가능성에 대한 마주침을 포착하기 위하여 필요한 공간이다. 그것은 비록 우연적으로 보이지만, 그것이 내 삶으로 들어온 어떤 알 수 없는 이유가 있다. 그 이유가 이제 눈에 보이는 작은 틈새로 차이를 만들어 말을 걸어오고 있다.

그 작은 편차가 삶이 내게 보내는 신호였다는 것을 세월이 흘러 비로소 깨닫게 되는 경우도 있다. 10년 전에 만났을 때는 아무런 감흥이 없었는데 세월이 흐르는 동안 나의 삶의 배열이 변하자 그때야 눈에 띄는 사람과 사물도 있다. 그것은 어쩌면 우리의 운명의 실을 잡고 있는 천사의 손놀림이 조금 느슨해지던 날인지도 모른다. 극히 미세한 교란이 일어나던 그 날, 그 시에 우리는 그 미묘한 흐트러짐으로 인해 어떤 마주침을 경험하게 된다. 이 소식은 평소와 다름없이 출근을 서두르던 사람들에게 충격으로 다가올 수 있다. 손은 여느 때처럼 넥타이를 매고 있지만 그 손짓은 불안하게 떨린다. 마음 속에서 교란이 일어난다. 소식에 따라 그것은 흥분이 포함된 떨림이 되기도 한다. 그것은 삶의 균열이 일어나는 지점이며 새로운 것들이 일어나는 유발점이기도 하다. 그 사건이 또 다른 마주침들을 유발할 정도로 큰 힘을 갖는다면 이는 하나의 운동movement이 된다. 그렇게 하나의 세계가 탄생하고 혁명적 사건과 창조라고 불리는 일들이 생겨난다. 창조와 혁명, 사랑의 탄생은 거대한 기획 속에서 이루어지는 것이 아니라 이런 작은 틈새에서 일어나는 마주침으로부터 촉발된다. 그것은 일상 속에서 우리의 주의를 미묘하게 돌리는 것으로부터도 탄생할 수 있다.

사랑에 긴장이 새겨지면

사랑은 탐색전이 필요하다. 사랑하려면 상대를 위해 뭔가 해야 되고 시간도 내야 하고 물질도 사용해야 한다. 또한 사랑은 주고받음의 관계에서 일어나는 것이기에 그 사이에 긴장을 유발한다. 사랑의 성숙은 사랑의 기쁨에 자유와 고통을 어떻게 가치롭게 겪어 내는가와 연관이 있다. 기쁨만 계속 추구하는 사랑은 이기적이고 유아적인 상태로 머문다. 종교는 사랑에 담아야 할 자유와 고통에 대해서 숙고하게 하며, 모든 사랑 뒤에 숨은 욕망과 소유욕의 긴장을 조율하도록 하는 방법론을 제시해야 한다.

사랑의 고통은 상대방의 응답을 요청하는 자유의 관용을 허락해야 할 때, 상대를 내 것으로 영원히 가지고 싶어 하는 소유욕이 생길 때 발생한다. "사랑하는 자는 필연적으로 사랑하는 대상을 계속 소유하고 유지하고자 한다."[2] 스피노자Baruch Spinoza의 말이다. 어떤 의미에서 종교는 이 소유욕과 자유 사이에서 도를 닦는 사랑의 수행과 같다. 그 수행은 사랑의 기쁨으로 시작하고 상대가 나와 함께 있을 때 행복하다는 것으로 유지된다. 반대로 상대가 나와 함께 하지 않을 때 나는 불행하다. 역설적이게도 고통은 함께함의 기쁨으로부터 발생한다. 어떻게 이 기쁨과 고통을 조율하면서 사랑의 감정을 적절하게 배치할 수 있을까? 이러한 고뇌 가운데 기쁨과 고통의 균형을 유지하

---

2 B. 스피노자, 『에티카』, 강영계 옮김 (파주 : 서광사, 2007), 169쪽.

면서 긴장이 새겨진다. 이 긴장이 귀찮아지기 시작하면 사실상 사랑은 끝난 것이다.

현대의 종교들 역시 이 자유의 이름으로 사랑의 진정성을 증명해야 한다. 기독교 역시 홀로 독식하던 권좌에서 내려와 이 긴장 앞에 서 있다. 중세 유럽에서는 기독교가 유일한 애인이었고 결혼 상대였다. 하지만 지금은 다양한 종교와 함께 살아가며 선택받아야 할 상황에 놓여 있다. "어떻게 그럴 수 있어? 넌 나를 통해서만 기쁨과 행복을 느껴야 해"라고 말할 수는 없다. 얼마 전 타 종교 지도자와의 대화를 하는 중에 한 스님이 우아하게 미소를 머금고 차를 따르며 말했다. "이제는 종교 자체가 다양한 가게와 같아요. 와서 맛보고 맛있으면 팔리고, 별로다 싶으면 손님들이 얼마든지 떠날 수 있는 시절에 접어들었습니다." 원하든, 원하지 않든 다양성이라는 이름으로 종교도 이제는 상대가 사랑을 선택하도록 할 수밖에 없는 시대적 정황에 처해있다. 자유에 직면해야만 한다. 수많은 다양성 가운데서 선택되는 것을 견뎌내면서 기쁨과 고통의 직조를 통해 사랑을 성숙시켜야 하는 것이다.

또한 사랑은 서로 맞게 대어보는 과정이 필요하다. 어떤 이의 삶에 커다란 구멍이 뚫려 있었다면, 사랑은 그 구멍을 내게 맞게 대보는 과정이 될 수도 있다. 그 과정에서 자기가 알지 못하는 사이에 형성된 삶의 주름들과 흔적들이 함께하며 마주침이 일어난다. 또한 그 속에서 형성되었던 아픔이라든지 결핍이라든지 원래 내 안에 있어야 되는데 없는 것이었다든지 하는 것들을 발견하게 된다. 사실 이 과정은 거의 무의식적으로 의식화된 관념을 맞대어 보는 과정일수도 있다.

예를 들면 A양이 폭력적이고 냉정한 아버지 밑에서 컸다. A양은 본인의 삶의 흔적들과 주름 속에서 무의식적으로 따뜻하고 다정한 사랑을 원한다. 그것이 무의식적으로 있다가 다정하고 따뜻한 B군과 마주 쳤을 때 내 구멍을 채우는 욕구를 위해서 만남이 시작된다. '나는 내 삶에 저 사람이 있으면 완전해질 것 같아.'라고 생각되는 어떤 강렬한 관념이 일어난다는 것이다. 반대로 비록 의식은 하지 못하지만 감정으로 확실하게 느끼게 되는 어떤 것이 일어날 수도 있다. A양이 토론 세미나에 참석한다. 열렬하게 토론하는 C군을 만나고 있지만 그녀는 아무 것도 인식하지 못한다. 왜냐하면 그녀가 강렬하게 원하는 삶의 흔적속에서 결핍된 것은 다정하고 부드러운 남자기 때문이다. 그러다가 열렬하게 토론하는 모습에서는 그가 바로 자기가 원하는 '그'라고 생각을 못하다가 어느 순간 C군이 다정하고 부드러운 모습을 살짝 보일 때, '아하, 이것이 내가 원하는 거야.' 라는 느낌을 받는다.

종교생활에서도 감응은 이렇듯 맞대어진 감정으로 온다. 그때 기쁨이 생성된다. 내 안에서 결핍된 것을 완전하게 채워줄 대상이 저 사람 혹은 저 종교라는 느낌으로 올 때, 그 마주침은 강렬한 기쁨이 수반된다. 즉 타자라는 외부 원인과 나라는 내부의 요청이 관계 맺어져야 된다. 그래서 사랑을 잘 유지하려면 가끔은 결핍을 일으키는 부재가 있어야 한다. 내 기쁨의 원인이 외부적인 타자에 의해 명료해질 때 그때서야 비로소 실재적인 관계를 형성하기 때문이다. 그리고 그때부터 자유와 고통이 화두로 등장한다. 왜냐하면 이제는 그것이 내 기쁨이라는 것을 알았는데 이것이 유지가 되려면 그가 나를 사랑해야 한다는 그 선택지 앞에 서야 하기 때문이다. 나는 그를 좋아하고 함께함이 행복이라는 것을 알게 되었는데, 그 소유욕에서 자유로워져야만 행복하다는 역설에 서게 되는 것이다.

그렇다고 '사랑은 소유욕이 문제'라고 단순하게 말할 수는 없다. 소유욕이 좋다, 나쁘다 식의 이분법적 구도로는 아무것도 풀리지 않는다. 실제적으로 삶을 움직이고 빛나게 하고 풍요하게 하는 것들은 대부분 이분법적이지 않다. 미묘하고 사소하지만 거기에 가치가 있는 것들이 있다. 거기에 내 행복과 가치가 걸려있는 것, 이런 것들 앞에 계속적으로 마주서서 나를 자유의 실험대 위에 둘 수 있는 것, 그러니 이 실험대 위에서 끌림을 유지하고 빛을 지속시키기 위해 사람에 대한 사랑도 신에 대한 사랑도 탐구를 통해 성숙해져야 한다. 자신과 타자에 대해, 서로가 가진 삶의 배열에 대해, 기쁨과 자유에 대해 연구를 해야 사랑할 수 있는 것이다. 행복에 대한 탐구를 의무나 윤리의 틀로 고정해 버리고자 할 때 사랑의 빛은 멈춰서 버린다. 그렇다고 기쁨만 계속 추구할 수는 없다. 왜냐하면 사람은 현실에 터하기 때문이다. 그렇기에 그 긴장 사이에서 행복의 빛을 계속 유지하고 또 배열을 새롭게 바꿔가면서 그 안에 자유의 공간이 깃들도록 해야 한다.

　이 긴장에는 기대의 문제도 있다. 관계에서 삐걱거리는 현상들을 대체로 살펴보면 대부분 과도한 기대가 있다. 사람들은 흔히 자신이 가진 주름의 흔적들과 결핍들을 채워줄 사람을 사랑한다고 느끼기 때문에 상대를 자기의 방식으로 기대한다. 그러나 알아차려야 한다. 이 때 상대방도 다른 삶의 배열을 가지고 나를 만났다는 것을. 상대방을 사랑할 때 그도 나를 사랑해야 되지만 그가 사랑하고 그래서 내가 사랑 받는 것은 그의 자유로운 선택에 의한 것임을. 혹시라도 상대방이 나의 몸종이 되려고 애를 쓰고 있다든가 의존하려고 애를 쓰고 있다든가 하면 깨우쳐 주어라. "아니야, 너는 너로써 당당하게 너의 삶에 있어"라고. 신조차도 새로운 배열을 하는 창조적 주체로서 우리를 만나는 것이니까.

사랑은 가치전복의 선물

사랑을 계속 유지하기 위해 선물과 끌림이 필요하다. 내가 상대에게 계속 매혹적인 존재가 되어야 하며 또 그러한 존재됨을 유지하기 위해 선물이 필요하다. 나카자와 신이치는 『사랑과 경제의 로고스』[3]에서 선물의 신화적 본질과 사랑이 지닌 경제적 관계에 주목한다. 그는 왜 우리의 삶이 이토록 황폐해졌는지를 살피면서 현재의 자본주의 구조를 주목한다. 서로 관계가 별로 없어 보이는 사랑과 경제의 근본에는 본디 하나로 통합되는 로고스가 작동하고 있다. 불행하게도 현대는 그 사랑과 경제의 로고스가 끊어져 결국 황폐화로 나간다는 것이다. 그는 물신 숭배의 허구와 대안을 사랑의 관점에서 풀고 있는 셈이

---

3 나카자와 신이치, 『사랑과 경제의 로고스 : 물신 숭배의 허구와 대안』, 김옥희 옮김 (서울 : 동아시아, 2004).

다. 신이치는 프랑스의 사회학자 마르셀 모스Marcel Mauss의 『증여론』을 들어서 사랑과 선물의 관계에 담긴 불편함과 거래 관계에 주목한다.[4] 즉, 선물을 줄 때는 선물과 함께 그것을 주는 사람의 인격이나 사랑도 같이 이동한다. 선물을 받은 사람은 받은 것보다 더 큰 선물로 보답한다. 이러한 관계 속에서 오고 가는 선물은 어떤 의미인가? 과연 타인에게 준 것의 정체는 무엇인지, 왜 선물을 주었는데 마음이 불편한 상태가 되는지, 타인에게 무언가를 줌으로써 받는 기쁨 때문에 그 기쁨에 대한 부채의식을 갖는 것은 아닌지, 혹은 이 선물은 내가 돈 주고 포장하고 샀으니 나의 것이라는 소유의식을 갖고 있는 것은 아닌지 등등. 그는 선물이 의무화되면 결국 사랑이 배제된 교환경제의 일부가 된다는 것을 보여준다.

신이치는 여기서 한 걸음 더 나아간다. 그는 증여의 궁극적 모

---

4 나카자와 신이치는 『증여론』를 해석하며 "모스는 증여론에서 경제와 정치, 윤리, 미(美)나 선에 대한 의식, 이 모든 것을 포함한 '전체적인 사회적 사실'을 심층에서 조종하고 있는 것은 합리적인 경제활동을 가능하게 하는 교환의 원리가 아니라 '영혼'의 활동을 포함한 채로 진행되는 증여의 원리 안에 있다는 사실을 발견함으로써 자신의 야심을 실현하기 위한 힘찬 첫 발을 내디뎠다. 그러나 모스는 결국 그런 야심을 실현하는데 실패하고 만다. 모스는 증여에 대한 답례(반대급부)가 의무로 변해버림으로써 증여의 사이클이 실현된다고 생각했지만, 그 결과 증여와 교환의 원리상의 구별이 사라져버렸기 때문이다." 위의 책, 10-11쪽.

습을 순수증여라고 말한다.[5] 그것은 주었으되 주었다는 생각이 없고 받았으되 받았다는 생각이 없는 상태를 말한다. 그것이 바로 사랑과 선물이 연결된 상태로 이 순수증여에서 새로운 증식이 생겨난다. 내가 무언가를 들여서 사고 포장하고 카드를 쓴 이 선물은 단순한 상품이 아니라 세상에 하나뿐인 그 사람을 향한 내 마음의 표현이다. 선물 자체가 둘 사이의 신화를 만드는 하나의 사건이며 신비로운 주체이며 그 선물의 소유자는 우리 자신이 아니라 '사랑과 경제의 로고스'라는 거대한 신화적 힘이라는 것이다. 순수증여는 때로 신의 선물이기도 하고, 자연이 우리에게 조건 없이 베풀어 주는 은혜이기도 하고, 우리 마음에 충만한 열락이기도 하다. 해와 비를 차별 없이 선물하는 신의 사랑처럼 주고받는 일 자체에 담긴 기쁨이 우리 삶에 신적 경외심을 불어넣는 것이 아닐까?

그러나 자본의 포획 장치에 물들어 있는 현대인의 사랑은 힘들다. 사랑의 기쁨을 실용성과 실물 가치로 완성해야 한다는

---

5 "우리는 증여가 극한에 이르렀을 때 '순수증여'라고 하는 이질적인 원리가 출현한다는 사실을 발견했다. 아무런 답례도 바라지 않는 증여, 기억조차 되지 않는 증여, 경제적 사이클로서의 증여의 사이클을 일탈해가는 증여, 그것을 순수증여라는 창조적 개념으로 발전시킴으로써, 우리는 모스가 좌초했던 지점을 발판으로 삼아 그의 양심을 실현하기 위한 새로운 점프를 시도한 것이다." 위의 책, 11쪽.

세계관에 갇혀있기 때문이다. 장치는 가장 아름답고 순수한 사랑을 포획하여 자본으로 만들어 버린다. 이 경우라면 처음에 느꼈던 기쁜 내적 빛이나 있는 그대로 상대를 바라보던 시선이 빠른 속도로 퇴색한다. 만약에 둘이 결합하게 된다면 그 결혼은 신분과의 거래가 된다. 그렇게 되지 않도록 하기 위해서 서로가 유지될 수 있는 기쁨을 어떻게 순수증여로 나눌 수 있는지가 중요하다. 또 자기가 가지고 있는 존재나 자기가 줄 수 있는 선물에 대한 가치 부여도 필요하다. 독특한 존재가 되어야만 한다. 선물이 사랑을 계속 이어가게 만들 수 있으려면 자기 자신에게 이미 그런 독특한 선물로써의 가치가 있어야만 하리라.

사랑의 선물이 가진 매력은 객관화된 무언가를 넘어선다는 것이다. 가격이나 교환으로 따질 수 있다든가 기브 앤 테이크의 교환가치를 넘어선 무언가가 있어야 한다. 그래야 그 선물을 바라볼 때 그 사람의 무엇이 떠오르는 것이다. 무엇을 주었다는 자부심이나 무엇을 받았다는 부채감에서 자유로울 수 있다면 우리는 사랑의 의미에 더욱 가까이 갈 수 있게 될 것이다. 그러니 사랑의 선물에는 등가교환이나 권력 관계를 넘어서 나를 행복하게 하는 무엇이 있어야 한다. 그 선물에 상징성이 있어야 하고 그 상징성이 그가 나에게서 발견했던 빛과 나에게서 그가 발견했던 행복과 기쁨이 계속 상기되는 기억의 장소여야 한다.

장치에 물든 선물은 자신이 가지고 있고 원래 줄 수 있었던 행복의 근원을 자본으로 대체하는 경향을 가지게 된다. 사랑이 장치에 녹아날수록 자본주의는 사랑을 포획한다. 이것이 이 시대 장치의 특징이다. 사랑은 사람들의 지갑을 가장 쉽게 열기 때문이다. 사랑의 완전은 왕이 줄 수 있는 성 한 채와 가난한 애인이 줄 수 있는 들꽃 한 송이가 등가교환에 있다는 것이다. 성서에도 이 혁명적 계산법이 등장한다. 빛나는 옷을 입은 이가 헌물하는 거금과 과부가 가지고 있는 동전이 등가라고 보는 것이다.

진정한 종교는 이러한 혁명적 사랑의 가치관을 가지고 있어야 한다. 왕의 아들과 백정이 똑같이 신의 아들이요, 딸이라는 등가가 존재한다. 비록 남아있는 사랑의 완성도는 차이가 날지라도 이 등가성이야말로 신적 선물의 진정성이다. 이 선물을 통해서 기억 속에 기쁨이 회오리바람을 일으켜야 된다. 임의적이면서도 동시에 절대적으로 특이한 기억을 일으킬 수 있어야 한다. 그러나 시간이 지나면서 이 사랑의 선물은 빛이 사라지면서 현실과 실용의 거래 관계가 된다. 만일 이 선물이 자본주의의 포획장치에 물든 방식이라면 처음에는 반지를 사주고, 그 다음엔 명품을 사줘야 되고, 집 한 채를 사줘야 된다. 그러다 롤스로이스를 모는 다른 상대가 나타나면 종착점이 생기는 것이다. 선물의 본질과 기쁨은 종교를 포함하여 모든 사랑을 유지하는 필수 요소다. 결국 종교도 신적 사랑의 체험과 함께 그 기쁨을 어떻게 선물과 연결하느냐 하는 문제로 귀결하는 것이다. 그러나 신적 사랑은 거래관계를 넘어선 조건 없이 줄 수 있는 기쁨이 존재해야 한다. "내가 너를 위해서 얼마나 많은 희생을 치룬 줄 아니?" 흔히 부모가 자식에게 하는 이 말은 거래와 교환의 관계를 드러낸다. 그러나 사랑은 내가 뭔가를 줬다는 것을 망각하게 하는 힘이다. 사랑은 자유와 올바른 주체로 거듭날 수 있도록 하는 힘, 큰 기쁨이 이어지게 만드는 빛의 선물이어야 한다.

또한 사랑이 성장하려면 먼저 주체화가 일어나야 한다. 새로운 배열이 구성되는 고통을 견디려면 주체의 힘이 필요하기 때문이다. 새로운 관계가 시작되었는데 이전의 관계 방식을 유지하고 있다면 새로운 사랑의 방식이 주는 차이를 견뎌낼 힘이 없다. 그럴 때 사랑의 첫 발걸음을 떼기란 우주 전체를 들어 올리는 것보다 더 힘이 들것이다. 예컨대 어떤 이가 새로운 사람을 만날 때 기존에 해왔던 가족 배열, 부모의 지시, 선호 등을 그대로 유지하면서 대한다면 아직 둘의 세계를 만들어갈 주체화가 일어나지 않은 것이다. 갈등은 어떤 의미에서 가장 자기답게 나답게 관계를 엮어가는 힘, 자유와 사랑의 긴장관계를 계속 성숙시켜 나갈 힘이 없으므로 발생한다. 그러니까 가능하다면 기쁨이 충만하게 유지될 때 이 배열의 전환이 일어나야 한다. 비관계, 탈결합이 일어나야만 한다. 사랑의 세계는 이전의 관계들이 유지되면서 또 하나를 만드는 것이 아니라 새로운 배열을 만들어내는 기쁨이기 때문이다.

그래서 사랑을 지속하기 위해서는 새로운 주체로서 관계가 형성될 수 있는가를 반드시 실험해야 된다. 우리는 진정 자유로운 관계 속에서 선택에 대한 주체로 거듭날 수 있는 사람인가. 만남의 사건, 마주침의 사건은 새로운 창조가 일어나리라는 희망으로 귀결될 수 있는가. 사랑은 완성될 수 없는 경험의 피륙을 짜는 과정이다. 그러므로 사랑은 그 배열에 걸맞은 주체로 거듭나야 지속될 수 있다. 기쁨과 자유와 고통이라는 실로 새로운 천을 직조할 수 있는 주체로 거듭나야 한다. 계속 기쁨을 생성할 수 있어야 하지만 카사노바처럼 계속 기쁨의 요소를 포획하며 쾌락의 만족을 위해서 유영한다는 의미는 아니다.

사랑을 완성시키기 위해서는 끝없이 부재와 이별을 경험하면서 탈피가 일어나야만 한다. 한 사람을 지속적으로 사귀어도 그 관계 속에서 자아의 소멸과 새로운 만남의 배열이 일어나야만 한다. 그래서 이별은 사랑을 유지하는 주체화 과정에 필연적이며 이전 삶에 예속되었던 관계망에서 벗어나서 새로운 관계망으로 들어가는 과정이다. 예수의 제자들이 스승을 쫓아가는 과정 역시 이전의 가족 배열을 벗어던지고 가는 여정이었듯이 사랑의 새로운 여정은 구 세계관의 이탈이며 재구성이다. 그러나 그것이 이전의 삶과의 분리라는 뜻은 아니다. 새로운 사랑은 실은 이전의 관계 속에서 있었던 그 무엇 때문에 가능한 것이다. 이전의 관계 속에서 내가 그에게 주었던 무언가와 그가 나에게 주었던 무언가가 내 안에 남아 있으므로 새로운 여정이 가능해진다.

 사랑은 새로운 타자가 와서 내 안에 있던 기쁨을 새롭게 배열하는 법을 알려주는 계기가 생겼다는 신호다. 이전의 배열이 주었던 기쁨은 새롭게 이어지고, 고통은 새롭게 구성되기 때문이다. 그러므로 이별을 너무 두려워하지는 말자. 아니 오히려 새로운 것을 우리 삶에 들여오기를 거부하며 우물 안에 갇히기를 요구하는 것들에 대해 이별을 선언하자. 그리고 새로운 무언가와 마주치자. 그 새로움이라는 것이 새로운 어떤 사물이라든가 새로운 취미라든가, 새로운 이론일 수도 있고, 새롭게 일깨워줄 깨달음일 수도 있다. 새로운 배열과 창조의 가능성을 만나기 위해서 새로운 계기들을 만나자. 그리고 그 만남의 광장 속에서 끝없이 쏟아져 내리는 각각 자기의 내적 필연성을 고집하지 말자. 내적 필연성이라는 것은 자기 삶에서 이미 흔적으로 형성된 고집스러운 주름들이기에.

에로스와 아가페, 聖과 性

로널드 롤하이저Ronald Rolheiser는 『聖과 性의 영성』에서 "우리의 삶은 신들로부터 오는 광기로 불타오르고 있다. 그로 말미암아 우리는 위대한 사랑을 가질 수 있고 자신의 씨앗을 영속시켜 나갈 수 있으며 신적인 것을 명상할 수 있다고 믿는다."[6]고 말한다. 이 대목에서 재미있는 것은 롤하이저가 성스러움을 마치 사랑의 광기처럼 묘사하고 있다는 것이다. 이는 흔히 성스러움이 흔히 화석처럼 고요한 이미지로 나타나는 것과는 정반대이다.

---

6 로널드 롤하이저, 『성聖과 성性의 영성』, 유호식 옮김 (서울 : 성바오로, 2006), 14쪽.

사랑의 에너지, 즉 에로스가 광기로 비유되는 것은 아마 그 힘이 가진 강력함 때문일 것이다. 융은 이를 '원형적 에너지'[7]라고 했고 오토는 '누멘적 원형'[8]이라고 하였다. 즉, 사랑의 원형이란 비합리적이면서 초월적이다. 그것은 이성적인 면모도 있지만 이성으로 통제될 수 없는 강력한 에너지를 지니고 있다. 융이 그 힘을 제국주의적이라고 표현할 정도로 사랑은 광범위한 장악력을 지니고 있다. 수천 볼트의 전압과 같은 이 힘은 사람들을 사로잡고 무한한 희열을 느끼게 하지만, 반면 접촉하는 사람을 태워버릴 만큼 파괴적이다.

그렇다면 광기와 성스러움의 차이는 무엇일까? 광적인 에로스와 성스러운 아가페는 과연 양립할 수 없는 사랑의 두 얼굴일까? 이 둘의 차이는 대립이 아니라 균형과 지향성에서 비롯

---

7 C. G. 융, 『원형과 무의식』, 한국융연구원 C. G. 융 저작 번역위원회 옮김 (서울 : 솔, 2002). 참조.

8 루돌프 오토의 주장에 따르면 본질적으로 종교는 명확한 개념적 이해와 언어적 표현을 초월하는 어떤 '비합리적 요소'가 확실히 존재한다는 사실을 전제하지 않으면 알려질 수 없는 세계였다. 종교적 본질은 오히려 종교적 체험 속에 존재하는 '비합리적 요소'가 지닌 깊은 감동으로 일어난다. 즉, 비합리적인 절대 타자를 종교인이 예각(자각)하는 것, 그 자체로부터 그 종교적 성격의 본래적 의미가 발현되기 시작한다. 이를 오토는 전혀 다른 타자적 경험, '성스러운 것'이라 일컬으며 이 성(聖)이라고 하는 말이 함유하는 윤리성·합리성을 피하고자 라틴어 누멘(numen), 즉 하나님의 명령의 표시로부터 누미노제(Das Numinose)라는 말을 만들어냈다. 더 자세한 논의는 루돌프 오토, 『성스러움의 의미』, 길희성 옮김 (왜관읍 : 분도, 1987). 참조.

된다. 폭발적인 에너지로 영혼의 빛을 밝히면서도 그 불길로 타인을 집어삼키지 않으려면 절제와 균형이 필요하다. 내면의 잠재성을 끄집어내려면 갈망이 필요하지만 갈망을 파괴로 끝맺지 않으려면 지향성이 중요하다. 갈망에 타자성과 지향성을 조화시키는 것, 이것이 사랑을 성숙시키는 과정일 것이다.

그러니 성性적인 에로스와 성聖스러운 아가페는 반대되거나 분리되지 않는다. 에로스는 아가페의 뿌리이며 사람마다 타고난 생의 에너지이다. 영성의 과제는 에로스의 생명력을 통합과 균형을 통해 아가페로 승화시키는 것이다. 통합은 부분의 합이 아니라 잉여의 에너지를 발생시키는 일이기에, 아가페는 에로스를 뛰어넘는 잉여가 있는 전체성이라 할 수 있다.

흥미롭게도 롤하이저는 수녀 마더 테레사Mother Teresa를 에로틱하다고 묘사한다. 이는 프로이트가 말하는 에로틱함과는 다른 의미로, 테레사에게는 원형적 생명의 에너지가 넘치고 있었기 때문이다. 흔히 사람들은 마더 테레사를 연약하고 인자한 여성으로만 상상한다. 그러나 평생 정력적으로 가난한 사람들을 돌보고, 구제 조직을 운영하기 위해 많은 사람들을 상대하고, 수많은 갈등 속에서도 사명을 완수하려면 어느 정도의 에너지가 필요할지는 상상을 초월하는 일이다. 마더 테레사는 일평생 그녀를 사로잡은 원형적 에너지로 불타는 사람이었고 동시에 그 에너지가 자신과 타인을 태우지 않도록 철저히 훈련을 받은 사람이었다. 덕분에 그녀는 함께 일하고 섬기는 사람들의 잠재성을 끌어내면서도 통합으로 향할 수 있도록 인도할 수 있었다. 야생마와 같은 에로스를 창조와 생명을 주는 통로로 끌어갈 수 있는 고삐를 쥔 것이다. 롤하이저는 테레사와 대비되는 예로 영국의 다이애나 비를 들었다. 그녀 역시 역동적이고 원형적인 에너지를 많이 갖고 있었지만 그것이 균형으로 조화를 이루지는 못했기에 결국 자기 자신을 소진시키고 탈진에 이르렀다.

마더 테레사와 다이애나 비의 예에서 알 수 있듯, 문제는 에로스의 지향성이지 에로스 자체가 아니다. 에로스는 중립적이며 우리가 집중해야 할 것은 이 에너지를 어떻게 통합시킬지의 문제이다. 에로스의 통합을 이루어낸 사람들은 에너지의 중심점을 갖고 질서를 이루어내었으며 우리는 이들을 성자라고 부른다. 그러나 대부분의 사람들은 에너지를 분산시키며 통합적인 방향에 집중시키지 못한다. 이 경우 에너지는 환원되거나 혹은 파괴적인 결과를 낳는다. 그러나 성장하는 사람들의 특징은 통합의 방향에 중심을 놓고 우선순위를 정한다. 성서에서 "먼저 그의 나라와 의를 구하라._{마태복음 6:33}"고 한 것은 이런 의미

가 담겨 있다. "그리하면 이 모든 것을 너희에게 더하는 것_{마태복}
_{음 6:33}"을 경험할 것이기 때문이다. 무엇을 중심에 놓을 것인지,
방향성을 어디에 둘 것인지를 정하면 나머지는 그 질서 안에
서 통합된다. 물론 지나치게 질서만 고집한 영혼은 질식할 것이
고 혼란이 정도를 벗어나면 영혼은 분해된다. 혼돈은 때로 생
성의 원천이기 때문에 영혼은 반드시 혼돈의 용암을 필요로 한
다. 그래서 건전한 영성은 두 성역, 즉 혼란과 질서를 동시에 존
중한다. 둘은 동전의 양면과 같다. 전자는 우리에게 에너지를
주고 후자는 우리를 통합시킨다. 영혼의 이 두 기능은 창조적인
긴장감을 형성하며 우리는 자기 안에서 때때로 강한 투쟁 같
은 것을 경험한다. 에너지와 통합, 정열과 정숙함, 불과 물은 영
원히 서로 싸우기 마련이며 이들은 우리의 영혼의 건강을 위해
적절히 관여하고 있다. 이처럼 살아간다는 것은 단순한 의무가
아니다.

이처럼 우리의 삶과 영혼에는 대극으로 인한 팽팽한 긴장이
흐른다. 우리는 비합리성과 합리성, 초월과 내재, 남성성과 여
성성, 내면성과 초월성의 팽팽한 줄 위에 서 있다. 다양한 대극
들 속에서 균형을 이룬다는 것은 긴장을 유지하는 것과 같은
일이다. 긴장이 없다면 질서만 공고해지거나 혼란 속에서 길을

잃을 것이다. 서구의 중세와 같이 온 공동체가 하나의 종교 아래에 있을 때에는 이러한 균형을 유지하는 것이 비교적 쉬웠다. 공동체가 공고히 정해 놓은 의미 체계가 있었기 때문에 개인이 의미를 찾으려고 혼란 속에서 투쟁할 필요가 없었다. 또한 이러한 이원적 체계 속에서는 동지와 적, 선과 악이 뚜렷하기 때문에 추구해야 할 방향성도 분명하다. 그러나 현대는 과거 공동체가 짊어졌던 통합의 과제를 개인이 짊어져야 한다. 이제 개인은 들끓는 내면의 에로스에 스스로 질서를 부여해야 하고, 삶의 방향을 애써서 모색해야 한다. 현대에 정신적 질환이 급증하는 것은 이러한 영적 부담과 관련이 있다.

롤하이저는 현대의 이러한 증상에 대해 또다시 분석을 가한다. 공동체 전체가 영적인 문제에 대해 관여했던 과거와 달리 현대의 영성은 개인적이고 내면적이다. 그렇기에 사람들은 영적 에너지의 본성에 대해 자칫 순진하게 접근하는 경향이 있다. 온갖 성공 신화와 자아의 고양을 격려하는 시대이기 때문에 자의식 안에 깃들어 있는 영적 이슈에 대해 간과하는 것이다. 이 시대의 영적인 악마는 중세처럼 사악한 얼굴을 하고 있는 것이 아니다. 그것은 우리가 동경하는 문화적 세련됨과 성공의 얼굴을 하고 손을 내민다. 그 이면에 도사리고 있는 것은 에로스의 왜곡이다. 생생한 자극인 삶의 에너지는 적절한 규율을 통해 다루어져야 하는데 현대는 그 에로스를 어떻게 하면 더 자극적으로 전달하여 사람들을 사로잡을지 골몰한다. 그 결과 창조로 나아가야 할 에로스가 포르노틱하게 전시되고 창조는 커녕 말초적 쾌락에 그친다.

에로스의 극대화는 아이러니하게도 에로스의 상실을 가져온다. 그것은 에로스가 가지고 있는 신적인 힘, 즉 생명력이 신으로부터 온다는 것을 간과했기 때문이다. 전적으로 인간의 손에 이용당하는 에로스는 말초적인 쾌락으로 전락한다. 그러나 에로스는 생명을 주기 위한 것이므로 우리는 그 앞에서 마땅히 무릎을 꿇어야 한다. 에로스는 인간이 쥐락펴락할 수 있는 자원이 아니라 주의와 존경심을 가지고 접근할 대상이다. 에로스에 접근할 때 금기가 필요한 이유는 이 때문이다. 이 시대에 수많은 우울증 환자들이 배출되고 있는 것은 금기를 지혜로 받아들이는 데 실패했기 때문이다. 사람들은 지나치게 에로스에 노출되어 있지만 그들을 지켜줄 기제가 없다. 결국 온갖 자극에 폭격을 당한 영혼은 생의 에너지를 잃어버리고 무기력과 우울에 빠지게 된다. 우울증의 반대는 기쁨이다. 이는 자극에 의한 쾌락과는 다르다. 그것은 오히려 우리의 통제 밖에서 갑자기 찾아오는 경이로움에 가깝다. C. S. 루이스가 자서전 『예기치 못한 기쁨』에서 언급했듯 "기쁨은 우리가 깨닫지 못하는 데서 우리를 사로잡고, 행복은 우리가 이성적으로 설명하지 못하는 중에 들어온다. 뚜렷한 이유도 없이 당신은 삶이 기쁘고 아름답고 참 좋다고 느낄 수 있다. 자신의 삶, 즉 마음과 육체 그리고 성적 정체성 및 인연을 맺고 있는 사람들과 사물들을 느끼며 자연스런 감탄으로 가득 차 "하나님, 살아 있다는 것이 참 좋습니다."라고 말한다."[9]

이 기쁨은 에로스가 본디의 자리를 찾은 데에서 비롯된 힘을 보여준다. 에로스는 인간 안에 있는 원초적이며 충만한 에너지이다. 이러한 관점은 에로스에 대한 포르노적 이해와는 다른 것이다. 포르노적 문화는 에로스를 혼자만의 감각적 충만에 갇히게 한다. 그러나 에로스는 충동적이면서도 동시에 타인을 향하여 나아가는 역설적인 에너지이다. 예를 들어 두 연인이 사랑의 욕구를 느낄 때 그들은 서로를 향한 합일의 욕망을 느낀다. 정신적으로 교감하고 싶어하고, 육체적으로 가까이 닿고 싶어하며, 사회적으로는 하나의 공동체를 이루면서 살아가고자 한

---

9 C.S. 루이스, 『예기치 못한 기쁨』, 강유나 옮김 (서울 : 홍성사, 2003). 참조. 이 책에서 C.S. 루이스는 자신이 어떻게 무신론자에서 그리스도인으로 회심하게 되었는지를 '기쁨'이라는 키워드를 중심으로 진지하고도 풍성한 언어로 풀어 설명했다.

다. 우리는 여기서 에로스가 타인을 향한 에너지, 즉 이타성의 발로라는 것을 알 수 있다. 에로스는 자기 안에 갇힌 쾌락이 아니라 타인과 함께 통합되고자 하는 생명력이다. 그래서 롤하이저는 에로스를 "하나님의 불꽃", "창조에 협조하게 하는 성숙한 성性의 힘"이라고 불렀다.

이처럼 에로스는 좁은 의미의 성교보다 훨씬 광의의 생명력을 지니고 있다. 예를 들어 수박씨 안에는 내적인 에로스, 살아있고 원형적이고 다이나믹하고 역동적이고 힘이 있는 에로스가 있다. 그 씨 안에서 에로스의 생명력이 자라나서 딱딱한 땅을 뚫고 싹이 솟아오르게 되는 것이다. 그것은 전 우주에 퍼져 있는 빛과 같은 것으로 롤하이저는 성숙한 에로스를 느낄 수 있는 예시를 다음과 같이 들었다.

- 아기를 바라보는 젊은 엄마의 눈길 속에서 자신이 아니라 아기의 행복을 바라는 순수한 기쁨이 피어날 때

- 졸업장을 받는 손자를 대견하게 바라보는 할아버지의 영이 사랑과 이타심과 기쁨으로 가득 찰 때

- 오랜 좌절과 자기와의 싸움 끝에 완성한 작품을 만족스럽게 바라보는 예술가의 뇌리에 인고의 시간이 주마등처럼 스칠 때

- 춥고 우중충한 날, 물에 빠진 아이를 방금 구해 낸 젊은이가 의식을 잃은 아이를 안고 부두로 뛰어나오며 봉사의 기쁨을 느낄 때

- 뜻밖에 찾아온 기쁨 그 자체에 취해 고개를 젖히고 거리낌 없이 마음껏 웃는 사람을 볼 때

- 남자와 잠자리를 같이 한 것도, 결혼이나 출산의 경험도 없지만 오랜 세월 사심 없이 봉사한 자비로운 노수녀가 우연히 저지른 실책에 장난스럽게 윙크할 때

- 무덤 앞에서 한 공동체가 비극과 화해하며 서로 위로하고 평화의 인사를 나눌 때

- 노년기의 부부가 함께 살아온 반세기 동안의 정에 평안함을 느끼며 음식을 나누고 상대방의 항구한 현존을 느낄 때

- 식탁에 둘러앉은 가족이 왁자지껄하게 떠들고 웃으며 서로의 삶을 나눌 때

- 상처를 치료하는 캘커타의 마더 테레사 수녀나 가난한 사람들을 보호하기 위해 목숨을 바친 오스카 로메로 주교의 모습을 떠올릴 때

- 누구든 호의, 사랑, 우정, 창조적 정신, 기쁨, 자비의 마음으로 봉사할 때 그래서 그 순간 다름 사람들로부터 격리된 자신을 뛰어넘어 열중할 때

- 천지 창조 후 또는 예수님의 요르단 강에서의 세례 후 "보니 참 좋다. 이것은 내가 기뻐하는 바다." 하고 말씀하신 하나님을 뵐 때[10]

그렇다. 에로스가 통합되는 순간은 이기적으로 살고자 했던 자기를 뛰어넘어서 어떤 통합된 에너지와 함께 하면서 모두와 함께 하는 선을 위해서 기쁨을 위해서 몰입할 때이다. 강렬한 생명력은 자신을 초월하여 '공동의 선'을 향한다. 이러한 영혼의 불길은 인간에게 지극히 자연스러운 일이다. 인간이 본질적으로 갖고 있는 불안과 공허는 타인 그리고 세계와 일치할 수 없는 갈증에서 비롯되기 때문이다. 그러나 시드니 캘러한Sidney

10 로널드 롤하이저, 『성聖과 성性의 영성』, 유호식 옮김 (서울 : 성바오로, 2006), 229-230쪽.

Callaghan에 의하면 우리는 본디 모든 창조물과 연합될 수 있도록 태어났다. 에로스가 궁극적으로 향하는 곳은 모든 사람들과 선한 공동체를 이루고자 하는 갈망이다. 우리는 성욕을 한 차원 높게 열어 모든 사람들을 포옹할 수 있다. 사랑의 권능은 타인을 향해 나아가 그에게 자유와 창조를 불러 일으킨다는 데 있다. 이 혁명은 힘의 논리를 뒤엎고 서로를 향해 섬기기에 전복적이다.

사랑은 진화하는 권능

이 혁명은 사랑으로 가능한 평등이다. 사랑하는 사람들만이 혁명적이고 보편적이고 평등하다. 그것을 깨달은 사람들이 '사랑이 등가교환에 의해서 생긴 것이 아님'을 깨달을 때, 새로운 세상은 각자 고유하지만 차별 없는 무엇이 된다. 이는 사랑으로만 가능한 세상이다. 그래서 사랑은 타자들, 이방인들, 주변인들이 공동의 원 안에 들어오도록 허용하는 힘이다. 전복적 상상력이다.

전형적이지만, 고린도전서 13장은 사랑의 지혜를 제공한다. 13장이 건네는 것은 사랑이 가진 권능이다. '온유함'이란 무조건 부드럽게 대한다는 뜻이 아니다. 오래 참고 온유하고 시기하지 않는 것은 윤리적 강제가 아니다. 사랑의 강력한 요소들, 자유와 선택과 고통과 그런 것들을 견뎌내면서 마침내 나로서 경험할 수 없는 무엇이, 타자를 향한 힘이 내게 왔을 때 발견되는 특징들과 권능들이 바로 사랑이다. 내 안에서 일어나는 내적 필연성을 꺾고 사랑의 완전을 향한 새로운 배열의 기쁨과 자유를 향해 마음을 열어야 한다. 카렌 암스트롱Karen Armstrong은 말한다. "우리 인간은 다른 어떤 종보다 훨씬 더 근본적으로 사랑에 의존하고 있다. 우리의 뇌는 남을 보살피고 또 남들의 보살핌이 필요하도록 진화되어 왔으며 만약 이러한 양육 과정이 부족하게 되면 뇌가 손상될 수 있는 정도까지 진화되어 있다."[11]

사랑은 신성의 선물로 주어진 무엇이다. 사랑이 가지고 있는 강렬한 감정으로 시기가 일어난다. 그때 온유는 그에게 자유를 줄 수 있는 힘이지만 어떤 은혜로운 선물이 밖에서 주어져야만 가능하다. 어떻게 그를 자유롭게 하면서 또 새로운 주체로써 피륙 짜기를 할 것인가? 권능이 필요하다. 만일 종교가 이러한 권능에 도움이 되지 않는다면 그것은 진정한 종교가 아닐 것이다. 우리의 종교는 더 성숙하게 만들고 더 자유롭게 하는가? 새

---

11 카렌 암스트롱, 『카렌 암스트롱, 자비를 말하다』, 권혁 옮김 (서울 : 돋을새김, 2012), 29쪽.

로운 주체로 거듭나게 할 수 있는 창조적 무엇이 있는가?

복잡한 미로를 통과해 길을 개척해 나아가거나 괴물과 싸우는 신들에 대한 신화 이야기는 실제의 사건이라기보다 사랑의 모험에 대한 원형적인 진실을 표현한 것이다. 신화의 목적은 사람들에게 미로와 같은 정신세계를 소개하고, 이 불가사의한 영역을 어떻게 잘 헤치고 나아갈 것인지 그리고 자신들이 어떻게 악마와 싸워 사랑의 권능을 완성할 것인지를 보여주는 것이다. 그러나 우리가 이 미지의 세계에 대해 알고 있다고 여기진 말자. 사랑에 대한 겸손은 우리가 자유의 긴장에 대해 두려워하며, 기쁨을 쾌락과 동일시하며, 그러한 세계에 무지하다는 것을 인정하도록 해준다. 종교는 인간들이 삶의 가장 큰 기쁨인 사랑에 대해 질문을 던지도록 도우면서 경이로운 황홀경의 상태에 머물 수 있게 다리를 놓아주어야 할 것이다.

한 개체는 단독으로 잠재성을 발현시킬 수 없다. 개체는 독립적으로 성장하는 것이 아니라 타자들과의 관계 속에 맞물려 자라나기 때문이다. 하나의 개체가 자기 자신으로 성립되기 위해서는 관계 맺을 타자들이 필요하다. 예를 들어 어떤 탁자가 탁자로 우리에게 인식될 수 있는 것은 탁자가 관계 맺고 있는 사물들 때문이다. 탁자 앞에 놓인 의자, 그 위에 놓인 테이블보와 찻잔이 아니라면 탁자는 그저 나무 널빤지로 받아들여질 것이다. 마찬가지로 우리는 수많은 타자들과 관계를 맺으면서 자신을 확인하고 또 변화한다. 이 타자들 중에서 가장 중요한 타자는 우리의 잠재태를 실현시키는 타자이다.

5

via vita, 생생하게 살아있기

나는 거리에 떨어진 신의 편지들을 본다
그 하나하나에 신의 서명이 들어있다

- 월트 휘트먼, 「풀잎」

내리쬐는 삶의 은총에 눈을 뜨지 못한다면 일상은 무덤을 향해 터벅터벅 걸어가는 여정이 될 뿐이다. 과연 삶은 죽음을 향한 긴 여행일까? 이 질문에 반박하려면 반복되는 일상 속에서 차이를 발견해내는 감각이 필요하다. 정말 생명력 있게 약동하고 싶다면, 그리하여 온 힘을 삶에 반응하려고 한다면, 우리는 일상 안에서 이미 왕성하게 들끓고 있는 미세한 차이들을 알아볼 감각을 키워야 한다. 그렇게 몸에 새긴 차이들은 우리의 삶을 더욱 풍요롭고 깊게 만들어주는 나이테 역할을 할 것이다.

일상 가운데 찾아오는 차이들은 언제나 유쾌한 것으로 다가오지는 않는다. 때로는 모순처럼 보이기도 하고 불편함을 자아내기도 한다. 이질성에 대한 이러한 반응은 삶에 대한 우리의 시야가 넓어지고 있다는 증거이기도 하다. 우리는 그러한 계기들로 인해 숨겨진 삶의 전체성에 다가가게 된다. 사실 우리가 알아차리지 못하는 사이에 수많은 차이들이 우리의 곁에서 가능성을 품고 도사리고 있다. 늘 가는 카페에서도 찻잔을 비추는 햇빛은 어제와는 다른 각도로 나름의 고유한 그림자를 만들어 낸다. 차이를 받아들일 준비만 되어 있다면 우리는 삶이 매일, 아니 매 순간 복잡다단한 장場을 만들고 있다는 것을 발견할 수 있을 것이다. 그러나 우리가 그 차이를 인식하지 못한다면 그것은 없는 것이나 다름없다. 상상해 보라! 모든 차이들이 숨을 죽이고 우리의 시선을 기다리고 있다는 것을. 차이를 알아볼 능력만 있다면 우리는 늘 같은 일상 속에서도 잠재성 virtuality을 만개시킬 수 있을 것이다.

실은 차이란 작은 이질성에 불과한 것이 아니라 현실과 다른 차원을 이어주는 전체성의 틈이다. 영화 <인터 스텔라>는 이 영감을 바탕으로 풍요한 서사를 풀어냈다. 영화를 추동하는 동력은 고통에 처한 인류를 향한 거시적인 인류애와 사랑하는 딸을 만나고 싶어 하는 개인적인 사랑이다. 아버지는 거시적인 인류애를 실천하기 위해 우주로 떠나고 그 결과 그는 사랑하는 가족들과 오랜 세월 동안 떨어지는 아픔을 겪는다. 지구라는 한 행성과 광막한 우주, 이 전혀 다른 두 세계는 시간과 장소의 차원의 차이가 너무 크기에 소통할 수 없다.

아버지가 속한 세계는 지구가 속한 시공간보다 훨씬 큰 차원이어서 딸의 모든 삶, 과거와 현재와 미래까지 볼 수 있다. 반면 딸은 지구의 시공간에 갇혀 있기에 두 사람은 만날 수 없다. 그러나 아버지의 사랑은 마침내 두 차원의 세계가 연결될 수 있는 접속점을 찾아 딸에게 메시지를 보내는 데 성공한다. 그 메시지는 비밀스러운 암호지만 서로가 공유했던 친숙함을 내포하고 있으며 아버지가 딸의 어린 시절 함께 했던 놀이의 모양을 띠고 있다. 아버지는 딸과 함께 시간을 보냈던 방에 접속하여 책장의 책들을 밀어 쓰러뜨리고, 모래의 흔적에서 딸은 암호와 놀이를 연결시켜 아버지의 메시지를 해독한다. 이렇게 하여 유년기 부녀의 놀이에 대한 기억은 예상치 못했던 세계를 연결하는 접속점이 된다.

딸이 아버지를 생각하며 책장을 더듬듯이 우리에게 소중하고 즐거웠던 기억을 불러내어 쓰다듬어보자. 그것은 우리에게 왜 그토록 즐거움을 주었으며 어떤 의미를 지니고 있는가? 그 기억에는 어떤 사랑이 담겨있으며 어떤 특정한 시간과 접속되는가? 우리를 둘러싼 삶의 모든 단면들은 기억의 공간들이며 다른 차원들의 접속면이다. 우리는 각자의 기억을 거느린 채 서로 다른 타자들과 마주한다. 다양한 기억들이 접촉하고 미묘하게 얽히면서 기억들은 새로운 접속면을 통해 초월이 가능한 틈과 차이를 발생시킨다.

이는 우리가 자아의 동일성 속에 갇혀 있을 때는 발견할 수 없는 순간이다. 타자로부터 온 차이를 받아들일 때 우리 자신에게도 차이가 발생한다. 우리는 이전에는 알 수 없었던 것들을 타자로 인해 새롭게 생각하게 된다. 이 새로움이야말로 자기 자신으로부터 벗어나 다른 세상으로 연결될 수 있는 탈주로이다. 그때 우리는 권태에서 벗어나 세계에 대한 감각을 회복하고 새로운 세계 속에 놓인 자신을 신선한 눈으로 바라본다. 그 신비로운 감각 속에서 우리는 삶을 경험한다는 것이 끊임없는 변화와 새로운 탄생 속에 있다는 것을 깨달을 것이다. 살아있다는 것은 낯선 자신을, 마치 타인과도 같은 자신을 미묘한 기쁨 속에서 만나는 일이다.

이러한 놀라운 차이의 질을 만드는 것은 겪는 자의 몫이다. 차이는 어떤 물리적인 형태를 갖춰서 우리 앞에 널려 있지 않다. 그것은 차이를 의미 있게 겪어내는 사람에게만 비로소 발견된다. 세밀하고 따뜻한 시선 속에서만 발견될 수 있는 차이에 대한 감각은 속도 위주의 현대 사회가 말살해 버린 감각 중의 하나이다. 대중문화는 우리에게 폭력적이고 선정적인 자극들을 세련되게 포장하여 권한다. 자극이 높아질수록 그것에 대한 감각의 역치도 높아져서 우리의 감각은 웬만한 강렬함이 아닌 것에는 둔해지게 된다. 삶이 무기력해지는 이유가 여기에 있다. 끊임없는 자극에 길들여진 둔한 감각으로는 삶의 도처에 있는 미세한 차이들을 생생하게 느끼기 어렵기 때문이다. 또한 현대의 온갖 장치들은 편안함의 탈을 쓰고 우리의 감각을 계속해서 마비시킨다. 더위를 느끼지 못하도록 냉방시설을 완비하며, 다리가 수고할 일이 없도록 엘리베이터, 에스컬레이터, 자동차, 비행기 등 온갖 탈것을 마련해 놓는다.

이 서비스들은 한편으로 개개인의 생생한 차이를 제거하면서 대신 그 차이를 소비 취향에 따른 기호로 치환한다. 그리하여 현대 사회는 개인들의 독특한 개성을 장려하는 대신 그들을 소비계급에 따른 기호로 분류한다. 이 체계 속에서 사람들은 소비자라는 기호로 전락한다. 기호란 중요하지 않은 다른 차이들은 모두 제거한 채 하나의 의미만을 남겨놓은 식별 표지이다. 예를 들어 우리가 사는 곳은 시, 구, 동 등의 기호로 처리되어 있으며 신원의 확인은 주민번호라는 기호를 통해 이루어진다. 인터넷 페이지에 접속할 때도 아이디와 비밀번호라는 기호들이 필요하다. 우리는 기호를 통해 분류되고 사회와 관계를 맺고 있다. 그러므로 사회의 작동 방식을 안다는 것은 우리를 기호화하여 관리하는 사회의 체제를 파악하는 일이다. 현대 사회는 하나의 기호 아래에 모든 차이들을 말살한다. 컨베이어 벨트의 회전 운동이 동일해야 기계가 원활하게 작동되듯 사회는 동일성을 기반으로 해야 효율적으로 운영되기 때문이다.

효율적인 세계에서는 목표의 성취 이외의 모든 것은 간과된다. 이동의 목적이 서울이라는 지표에서 부산이라는 지표까지 가는 것으로 설정된다면 그 외의 것들은 중요하지 않다. 서울에서 부산으로 이동하는 속도와 효율 속에서는 수많은 차이들은 묵살된다. 서울 외곽으로 진입하며 달라지는 공기를 느낄 수도 있고 도로를 따라가며 이름 모를 산들을 눈에 담을 수도 있지만 이러한 차이들은 고려되지 않는다. '서울에서 부산까지'라는 문장 속에는 목표 달성을 위한 효율 외에는 다른 것이 고려될 여지가 없다.

기호화는 공간의 영역에만 적용되는 것이 아니다. 사회는 구성원들의 시간도 기호화하여 관리한다. 그것은 교육으로부터 출발한다. 체계화된 초-중-고교 교육의 시스템을 생각해 보자. 그 시스템 속에서 사회는 원하는 인재상을 학생들에게 주입한다. 그 인재는 정해진 미래를 사는 사회 구성원을 뜻한다. 사람들은 알맞게 학교를 졸업한 후에 취업을 하고 결혼을 해서 사회 재생산에 기여하는 것이 제대로 된 사회인이라는 인식 속에서 길러진다. 그 재생산의 과정에 얼마나 빨리 도달하며 얼마나 많은 자리를 차지하는지가 사회에서 말하는 성공의 기준이다. 다른 사람들이 3년 걸려서 졸업하는 학교를 1년 만에 졸업하는 것, 그리고 사회에서 통용되는 화폐 자본을 많이 소유하는 것 등을 우리는 성공이라고 부른다. 이렇게 기호화된 성공의 기준에 맞추려고 경쟁할수록, 사회는 구성원들을 효과적으로 관리할 수 있다. 현대의 기호화된 특성을 자세히 알아보면 알아볼수록 이 시대에 차이에 대한 감각을 회복하는 것은 불가능해 보인다. 정말 이 사회에서는 차이들을 가꾸어가며 살아갈 수 있는 방법은 없는 것일까? 차이를 회복하기 위해서는 이 시대 전체를 부정해야 하는 것일까?

절편화된 차이의 접속점들을 모색하며

우리는 모든 곳에서, 모든 방향으로 절편화된다. 들뢰즈의 말이다.[1] 그에 따르면 인간은 절편적 동물이다. 절편성은 우리를 구성하는 모든 지층들에 속해 있다. 거주하기, 왕래하기, 노동하기, 놀이하기 등 체험은 공간적으로 그리고 사회적으로 절편화된다. 방은 방의 용도에 따라 절편화된다. 거리는 마을의 질서에 따라 절편화된다. 공장은 노동과 작업의 본성에 따라 절편화된다.

'절편성Segmentarity'이란 말 그대로 "조각조각 잘려있음"을 의미

---

1 질 들뢰즈·펠릭스 가타리, 『천개의 고원』, 김재인 옮김 (서울 : 새물결, 2001), 397쪽.

한다. 어떤 이유로든 하나하나 식별되도록 쪼개져 있을 때 그 조각들을 절편이라고 하고, 그렇게 조각조각 나뉘어져 있는 생김새를 절편성이라고 한다. 즉 절편성은 다층적으로 구획된 성격을 뜻한다. 절편성은 삶을 일정한 단위로 분할하는 방식이 '분절(화)'되어 있는 특성이다. 사물들은 완전한 한 덩어리, 무규정적 전체로 존재하지 않으며, 또 완전히 불연속적인 파편들로 존재하지도 않는다. 이것은 여럿을 내포하는 하나, 마디들을 가진 하나, 즉 분절된 하나로 되어 있다.

원래 이 용어는 인류학자들이 절편적인 특성을 지닌 원시사회와 중앙집권적인 현대사회를 구별하기 위해 고안한 것이었다. 현대사회는 국가를 중심으로 매우 중앙집권적으로 구성되어 있다. 반면에 원시사회는 고정된 중앙 국가도 없었고, 중앙 권력도 없었으며, 전문화된 정치 제도도 없었으므로 유연한 절편성을 갖고 있었다고 분석한다. 즉 원시사회는 하나의 구조로 확정되거나 수렴되는 일이 없었다. 이는 절편성의 다성적 코드 polyvocal code를 보여주는 것이다.[2]

이렇게 중앙집권적 현대사회와 다성적이고 절편성을 가진 원

---

2 위의 책, 397쪽

시사회를 대립적으로 구분한 논의와는 달리 들뢰즈는 현대 국가와 절편성을 연결하는 시도를 한다. 들뢰즈는 중앙집권적인 것과 절편적인 것 사이의 구분을 폐기하고 양자 모두를 절편성에 기반한 두 유형으로 구분하기를 제안한다. 원시적이고 유연한 절편성supple segmentarity과 현대적이고 견고한 절편성rigid segmentarity이 그것이다.[3] 원시적이고 유연한 절편성은 원들이 중앙집권적이라거나 동일한 중심을 가져야 한다는 것을 필연적으로 함축하지는 않는다. 그러나 중심들이 모두 함께 공명하는 것은 아니며, 동일한 점 위에서 일치하는 것도 아니며, 애니미즘적인 눈들의 다양성이 있고 각각의 원들은 나름대로 하나의 중심만을 가진 유일한 원들을 통과해야 한다.[4] 반면 현대적이고 견고한 절편성은 원들이 모두 중앙집권적이며 모든 중심들이 공명하고 어떤 교차점 같은 곳으로 모여든다는 점에서 견고하게 된다. 잉여를 만들어 내는 것은 다양한 원들을 가로지르며 의미생성의 중심과 결부된다. 중앙국가는 원형적인 절편

---

3 들뢰즈는 절편성을 이항(대립)적 절편성(남자와 여자, 어른과 아이, …), 원형적 절편성(나, 가족, 지역, 국가, …), 선형적 절편성(가족 시절, 학교 시절, 군대 시절, …)으로 구분한다. 그리고 가변성의 정도에 따라 '유연한 절편성'과 '견고한 절편성'이 구분된다. 분절과 절편성은 자연과 우리 삶에 마디들을 만들어 낸다. 위의 책, 400쪽.

4 위의 책, 401쪽.

성을 제거함으로써 구성되는 것이 아니라 상이한 원들을 중앙 집중하거나 공명하게 함으로써 구성된다. 현대국가 안의 사회가 공명장치로서 작동하며 공명을 조직화하는 반면 원시사회는 공명이 금지된다.

이러한 시각은 신경증적 시대와 면역학적 시대를 새롭게 연결하고 접속하여 모든 시대를 생생하게 부활시킬 수 있는 시각을 열어준다. 들뢰즈의 관점을 따라 생각하면, 이 두 시대는 구분되는 것이 아니라 서로 간섭하며 뒤얽혀 있는 것이기 때문이다. 둘은 구분되기는 하지만 서로 분리될 수 없으며 전자는 후자에게 내재되어 있고 후자 역시 그러하다. 유연한 절편성과 견고한 절편성처럼 두 패러다임은 역사의 서술처럼 연대기적으로 구별되는 것이 아니라 각 시대마다 다양한 모습으로 발현되며 뒤섞여있다.[5]

시대 전체를 부정하는 것은 건설적인 대안이 되지 못한다. 이는 여전히 양자택일의 면역학적 패러다임으로 세계에 대해 사

---

5 그러므로 유연한 절편성을 원시인들만의 특전으로 생각할 수는 없다. 유연한 절편성은 우리 내부에 살아 있는 야만성의 잔존이 아니라 전적으로 현행적인 어떤 기능이며 견고한 절편성과 분리할 수 없다. 유연한 절편화란 견고한 절편성과 분리할 수 없는 철저하게 현대적인 하나의 기능인 것이다. 따라서 모든 사회와 모든 개인은 두 절편성에 의해, 즉 그램분자적인(molar) 절편성과 분자적인(molecular) 절편성에 의해 가로질러진다. 위의 책, 406쪽.

고하는 방식이기 때문이다. 중요한 것은 세계를 이분화시켜 한쪽을 택하는 것이 아니라 두 세계를 포괄할 수 있는 더 큰 차원에서 관통하며 이전 세계에 접속하는 것이다. 예를 들어 아인슈타인Albert Einstein의 세계관으로 보면 이전의 뉴턴Isaac Newton적 세계관을 적용가능한 부분들이 명확히 보인다. 더 큰 차원에서 보면 더 작은 차원의 좌표들이 정확히 보이는 것처럼 말이다.

현대적 사유는 근대적 주체를 파기했으며 새로운 주체를 요청한다. 이제 세계는 어떤 중심도 없는 장場으로서 관계들이 펼쳐져 있는 면面으로서 이해된다. 그러나 사물들 사이에 존재하는 관계가 고정될 경우 이제 관계는 전통 사유에서 실체가 차지하던 위상을 차지하게 된다. 관계의 창조적인 망은 고착화되고 삶은 얼어붙는다. 여기서 초점은 어떻게 다양한 차이들과 중심들이 함께 존재하면서도 중앙의 중심을 향해 함께 공명하며 교차적 의미를 생성하는가에 있다. 법칙으로서 고착화된 관계 개념을 파기해야 사물들 사이에서 늘 무슨 일인가가 일어난다. '사이들'은 유연한 경계 안에서 늘 변화할 수 있는 가능성을 가지게 되고 사이에서 벌어진 카오스에서 코스모스가 형성되기도 하고 변형되기도 하고 해체되기도 한다. 창조를 위한 카오스모스가 지속되기 위해서는 차이에서 발견되는 삶의 역동적 흐름을 따라가면서 차이들에 생성을 도입하는 것이 중요하다.

희망은 삶의 얼어붙은 영토에도 꽃이 피어날 수 있다는 것에 있다. 견고한 관료주의와 엄격한 경계 안에서도 유연한 절편화가 진행될 수 있다. 중요한 것은 어떻게 질서의 중심을 유지하면서도 차이의 틈을 만들고 사이의 여백을 만들고 유연한 접속면을 계속 만들어낼 수 있느냐에 있는 것이다. 이런 관점에서 보자면 새로운 세계는 삶의 모든 세포들 속으로 침투해 들어가서 지속적으로 새로운 접속면을 만들어가는 과정에서 생성된다는 것을 알 수 있다.

새로운 접속면을 발견하기 위해 다시 알아차려야 할 것은 우리 사회가 장치들로 구성되어 있다는 것이다. 들뢰즈-가타리는 이러한 기호화된 장치들을 '홈'이라고 부른다.[6] 파인 홈들은 그것이 놓인 위치에 따라 각기 다양한 목적을 가진 것으로 여겨진다. 땅에 큰 홈이 파여 있으면 그것은 도로이며 비가 내릴 때 파는 홈은 배수구라고 불린다. 이렇게 홈은 목적과 기능을 위해 만들어진다. 성과중심의 사회는 우리들의 삶에도 다양한 홈을 파 놓으며, 그 홈을 따라 살 때 삶은 누릴 수 있는 것이 아니

---

6 질 들뢰즈·펠릭스 가타리, 『천개의 고원』, 김재인 옮김 (서울 : 새물결, 2001), 907-953쪽.

라 기능적인 것으로 전락한다. 그러나 파인 홈에 의해 운영되는 사회를 무조건 배척할 수는 없다. 사회가 운영되는 방식을 받아들이지 않는다면 홀로 고립될 수밖에 없기 때문이다. 중요한 것은 이 체제가 작동되는 방식을 알아차리되 차이가 지속적으로 새로운 홈들을 만들어 가도록 하는 일이다. 즉, 다양한 방식으로 세계를 바라보고 활용하고 새로운 탈주로와 배열을 만드는 일이다.

새로운 바라봄은 우리가 얼마나 기호화된, 홈에 패인 시선으로 세계를 가늠하고 있는지 알아차리는 것에서 출발한다. 목적 중심의 사회에 익숙해진 사람들은 자신에게 이익이 될 것 같지 않은 관계는 무심하게 지나친다. 이때 타인은 우리에게 주는 이익이 기호화된 대상에 지나지 않게 된다. 우리는 경이로운 한 인간과 마주하는 것이 아니라 기호화된 육신을 바라보고 있다. 기호화된 시선은 손가락으로 모래를 움켜쥐는 것처럼 삶의 수많은 기쁨을 놓치게 한다. 지하철 하나를 탈 때도 우리는 수많은 것들을 발견할 수 있다. 차창 밖으로 노을이 지는 한강이 보일 때, 빛을 받아 붉게 반짝이는 잔물결과 그 위로 사뿐히 날아드는 새들의 모습에 잠시 넋을 빼앗길 수도 있다. 그 풍경을 배경으로 한 고단한 노숙자의 피곤한 잠이 이기적인 우리 양심을 세차게 두드릴 수도 있다. 그러나 지하철을 단순한 이동수단으로 생각할 경우, 이 경우 풍경은 공간이 이동하고 있음을 알리는 하나의 지형물일 뿐이다.

균열을 내서 경이로움에 빠지기

견고한 기호의 세계에 틈을 낸다는 것은 타인을 새로운 시선으로 바라보는 것과도 연관되어 있다. 나를 위한 이익과 목적에 따라 타인에게 부착했던 기호의 표지들을 벗겨내는 것이다. 그때 우리가 만나는 사람들은 대체할 수 없는 차이를 가진 살아있는 한 인격체이다. 기호화된 타자는 체형, 성별, 직업 등의 기호로 다가오지만 점점 그를 사람으로서 깊게 알아갈 때 우리는 기호로 설명할 수 없는 차이들을 발견한다. 어떤 친구는 어제 만난 사람과는 달리 향수에 대해 고집스러운 취향을 갖고 있으며, 구두보다는 흰 운동화를 선호하고, 카페인이 들어간 음료는 절대 마시지 않는다. 이러한 취향과 더불어 거기에 얽힌 그의 인생사까지 알게 될 때 그는 어떤 기호 속에도 속할 수 없는 묵직한 존재로 다가온다. 이런 섬세한 차이들을 수십 번이라도 읊조릴 수 있는 것이 사랑에 빠진 사람이다. 사랑에 빠진 사람은 연인이 왜 그렇게 특별한지, 왜 그렇게 차이가 나는지에 대해 끊임없이 말하고 되새기고 싶어 한다. 끊임없는 차이의 발견들은 그가 연인에게 바치는 사랑의 헌사이다. 사랑의 시선으로 그 모든 차이들을 발견하는 사람은 생기에 가득 차 있다. 그 기쁨에는 이익을 취하고 목적을 달성했을 때 얻는 기쁨과는 다른 깊이가 있다.

　모든 경이로운 일과 차이들은 그 일과 혹은 사유와 사랑에 빠진 이들로부터 비롯된다. 소설 『모비 딕』의 에이합Ahab 선장은 바다와 고래 한 마리에 광기 어린 사랑에 빠진 사람이다. 에이합 선장은 망망대해를 떠돌아다니며 흰 고래인 모비 딕을 찾는다. 광활한 바다의 수많은 고래들 가운데서 어떻게 모비 딕이라는 고래를 찾아낼 수 있을까? 그러나 모비 딕을 찾는 갈망이 에이합을 바다로 끌어당길 때 그의 감각은 점점 더 정교해진다. 바다는 거대한 물웅덩이가 아니라 모비 딕을 품은 미지의 공간이며 그 이유 때문에 바다를 향한 선장의 감각은 싱싱하게 곤두선다. 그는 작은 풍향의 변화에도 미세하게 반응해야 하며 고기 떼의 이동도 섣불리 넘길 수 없다. 그 어떤 작은 변화가 모비 딕이 있는 곳으로 그를 인도할 지 알 수 없기 때문이다.

　흰 고래를 쫓는 한 선장의 이야기는 우리 삶에 대한 은유이기도 하다. 우리는 마치 이유도 모른 채 망망대해에 던져진 뱃 사람들과 같다. 아득하게 펼쳐진 물살 속에서 기운차게 살 수 있을지 아닐지를 결정하는 것은 자신만의 고래를 찾을 수 있는 갈망과 인내의 능력이다. 고래가 당장 눈에 보이는지는 중요하지 않다. 보다 중요한 것은 보이지 않지만 존재하는 무엇에 대한 믿음이다. 아득한 물결 속 어디엔가 흰 고래가 있다는 것을 믿는 에이합 선장은 바다에 자신을 열고 감각을 곤두세운다. 그는 조류의 미세한 흐름, 습도의 변화, 바람의 세기에도 반응한다. 그 믿음은 오랜 인내의 과정, 아무 반응도 없는 바다를 바라보며 망대 위에서 오랜 시간을 버티는 일을 요청한다. 삶이란 때로 그런 특별한 고래 같은 것은 없다는 듯이 천연덕스럽게 침묵한다. 쉽사리 자신을 드러내지 않는 바다처럼 삶의 침묵은 무심하고 냉혹하기까지 하다. 그 침묵이 이면의 신비를 드러내는 암호이며 언어라는 것을 알기까지는 인내의 시간이 필요하다. 에이합과 같이 차이에 깊이 몰두한 사람은 동일성과 기호에 갇힌 세계에서는 엉뚱하게 보인다. 그들은 새로운 세계를 경험하기는 했지만 여전히 이전의 세계에서 살아가야 하기 때문에 두 세계의 어느 곳에서도 뿌리 내릴 수 없는 것처럼 보인다. 그러나 이들의 양가성이 어느 날 빛처럼 발현될 때 그 차이에 대한 예민한 감지력은 모순이 아니라 두 세계를 연결하는 매개의 역할을 한다.

성서의 인물 모세는 이 두 세계를 연결한 대표적 인물이었다. 그는 이집트 왕자였지만 동시에 노예인 히브리 출신이었다. 노예이면서 왕족이라는 이중적인 정체성은 그에게 제국의 동일성을 거부하고 다른 시각을 갖게 했다. 왕궁에 머물고 있으면서도 그의 시선은 히브리 민족의 해방을 향해 있었다. 그것을 위해 처음에 그가 시도했던 방식은 적과 동지를 나누는 면역학적 패러다임의 방식이었다. 그는 이집트를 적대시하고 히브리 민족의 편에 서고자 했으나 그에게 돌아오는 것은 살인자라는 낙인이었다. 그는 결국 폭력적인 제국의 방식이 자기 내면에도 있다는 것을 깨닫고 그곳에서 도망친다. 그리고 광야에서 40년 동안 은둔하며 양을 친다. 그 40년은 인간으로서의 자신의 조건, 즉 운명적 이중성을 깨달아가는 기간이었다. 비록 모세는 광야에서 숨을 죽이며 양을 치게 되었지만 그의 갈망은 일상에서 경험하는 반복과 차이 속에서 다듬어지고 있었다. 그리고 마침내 결정적인 차이의 순간이 그에게 도래한다. 그것은 그가 겪었던 어떤 경험과 생각과도 같지 않았기에 경이로움으로 다가온다. 어느 날 그는 늘 지나던 길에서 이상한 차이를 발견한다. 길가의 가시나무에 불이 붙었는데도 나무는 전혀 타고 있지 않았다. '타지만 타지 않는' 그것은 분명 어제의 모세가 발견할 수 없었던 경이로운 차이였다. 그 차이 속으로 들어가 손을 대자 모세는 자신의 오랜 갈망에 응답하는 한 거룩한 목소리를 듣는다. "내가 너를 통해 이스라엘 백성을 구원할 것이다._{출애굽기 3:10}"

모세에게 광야 생활 40년은 동일한 일상을 무한히 반복하는 시간이 아니라 이 경이로운 차이를 만나기까지의 여정이었다. 제국과 동일했던 자신의 모습을 비워가며 자신이 그토록 갈망했던 세계에 자신을 더 열어 놓는 과정이었다. 차이는 시간의 타자성이 시간 속으로 침투해 들어오는 통로가 된다. 만물의 생성이요 무無근거적 근거이다. 세계 곳곳에 숨겨져 있는 이 흔적들은 잘 보이지 않기에 일상 속에서는 작은 차이로 다가오지만 그 작은 틈 뒤에는 현실을 뛰어넘는 거대한 차원의 세계가 존재한다. 차이라는 문턱을 통해 유한한 이 세계가 불멸로 존재할 수 있는 생명이 불어넣어진다. 역사에 길이 남는 종교나 예술, 실존했던 위대한 인물들의 삶이 그런 예시이다. 이들을 빚어낸 정신과 에너지는 영원에 잇대어 있기에 시간의 한계에 매몰되지 않는다. 그리하여 오랜 세월이 지나도 끊임없이 사람들에게 영감과 감동을 준다.

이렇게 위대한 인물들의 일화를 볼 때 우리는 그런 특별한 일을 할 수 있는 사람들은 따로 있다고 생각한다. 그러나 한 개체는 단독으로 잠재성을 발현시킬 수 없다. 개체는 독립적으로 성장하는 것이 아니라 타자들과의 관계 속에 맞물려 자라나기 때문이다. 하나의 개체가 자기 자신으로 성립되기 위해서는 관계 맺을 타자들이 필요하다. 예를 들어 어떤 탁자가 탁자로 우리에게 인식될 수 있는 것은 탁자가 관계 맺고 있는 사물들 때문이다. 탁자 앞에 놓인 의자, 그 위에 놓인 테이블보와 찻잔이 아니라면 탁자는 그저 나무 널빤지로 받아들여질 것이다. 마찬가지로 우리는 수많은 타자들과 관계를 맺으면서 자신을 확인하고 또 변화한다. 이 타자들 중에서 가장 중요한 타자는 우리의 잠재태를 실현시키는 타자이다. 그 타자는 온 우주를 지탱하고 있는 생명의 에너지이며 종교적 관점에서 이 존재는 '신'으로 불린다. 이 신적 만남은 한 개인을 통해서 일어나지만 그가 발 딛은 시대의 갈망과 흐름이 맞물려서 일어나는 사건이기도 하다.

우리의 반복되는 일상은 어떤 존재들과 관계를 맺고 있을까? 늘 동일한 존재들과 관계를 맺고 있고 그 방식에 별 다름이 없다면, 우리는 시간 속에 갇힌 채 다른 세계를 경험할 통로를 찾아닐 수 없을 것이다. 시간 속에서 우리의 존재적 유한함을 극복할 수 있는 방법은 아이러니하게도 바로 그 시간 안에 있다. 되풀이 되는 시간 속의 세계 속에서 작은 차이를 발견하는 것이다. 오늘 나는 누구를 만날 것인가? 맞이하게 될 경험 속에서 어떤 차이를 발견하고 의미를 찾아낼 것인가?

고통과 기쁨의 상생, 차이의 변주곡

살아있는 삶은 고통과 기쁨이 차이를 동반하며 교차하는 피륙 짜기다. 의미 있는 인생이란 최소한 둘 이상의 기둥이 모여 서로를 지지기반으로 삼아 밑거름이 되어주고 통합도 이루어 내는 그런 것이다. 그러므로 삶이 무료한 자기동일성을 벗어나 의미체계를 형성하려면 감정적으로도 자신 외에 타자를 맞아들이는 최소조건을 마련해야 한다. 이 타자와 함께 만들어 내는 세계는 자기 동일성이 확장되는 세계와는 전혀 다르다. 그 세계는 차이의 충돌을 통해 체험되는 상생 변주곡이다. 삶과 종교에 생기를 불어 넣어주는 사랑 역시 차이의 충격과 그것과 상반되는 기쁨이 함께 있어야만 가능한 듀엣의 무대la scene du Deux이다. 새로운 세계의 건설은 불확실한 미래를 지속할 만한 어떤 잉여Surplus의 요소가 계속된다는 의미이기 때문에 살아있는 삶은 충돌, 불확실성, 고통을 감내하고 그것을 지속적으로 대면할 수 있는 대극적 잉여가 있을 때 지속가능한 것이다.

새로운 삶이 기쁨과 고통의 차이에서 벌어지는 비약이며 잉여임을 기억하자. 비약은 늘 반복적으로 해오던 것에 무언가 다른 느낌이 더해진 것이다. 어떤 느낌을 받았는데 그것이 미묘하고 작아 '에이, 모르겠다. 다음에 또 만나요.' 이렇게 헤어졌다고 해 보자. 이후에 우연히 또 만나게 된다면 '어?' 하고 그 느낌이 도약이 된다. 이 작은 비약들은 계속해서 일어난다. 변화의 대부분은 이러한 사소한 마주침들이 강렬한 기쁨을 주는 새로운 배열을 만들어낼 때 지속되는 것이다. 기쁨이 예감되어야 한다. 『어린 왕자』에 나오는 여우가 "나는 이제 저 황금들판을 보아도 너를 떠올리게 될 거야."라고 말했듯이 마주침에 대한 기대, 약속에 대한 시간의 배열, 동시에 알 수 없는 강렬한 기쁨, 그것을 꼭 소유하고 싶어지는 갈망이 생겨야 하는 것이다.

그러나 내적인 기쁨으로 인한 몰입과 외적인 확장으로 인한 고통의 변주곡, 대극의 수렴-발산은 짧은 다리와 긴 다리로 걷는 걸음처럼 힘겨운 다리절기로 나타난다. 비록 다리절기라 해도 완성이 가능할까? 바디우_{Alain Badiou}는 이 '다리절기_{boiterie}'[7]를 사랑에 빗대어 말한다. 다리절기란 그 자체로 걸음임과 동시에 걷기를 금지하는 것이다. 서로 다른 배열에서 성장한 둘의 완전한 걷기란 가능하지 않기에 항상 사랑은 고통스럽고 절뚝거린다. 이 어려운 과정을 회피하지 않고 그 동력을 유지하는 것이 기쁨의 반복이다. 이 다리절기의 주범은 의식의 환상일지도 모른다. 스피노자라면 이 기쁨을 유지하려면 의식의 환상을 거절해야 한다는 조건을 달 것이다. 삶을 사는 주체들은 각자 자기 환상 속에서 살아가고 있기 때문이다. 그들은 자신의 의식이 제1원인이라고 착각하고, 그 착각 속에서도 자유 의지를 가지고 살아간다고 믿으며, 그 결과에 따라 명예 혹은 처벌을 받는 세계에 속해 있다.

착각의 원인은 욕망이다. 그러나 알다시피 욕망이란 본디 인간 본질 그 자체이다. 자의식을 동반하는 충동에너지다. 인간이 자신의 충동을 의식하건 않건 간에 충동 그 자체는 동일하며 욕망은 인간 본성의 모든 노력을 총괄하는 것이다. 욕망은 우리의 신체와 정신이 자신 속에 계속 머무르려는 노력이며 이

---

7 서용순, "비-관계의 관계로서의 사랑 : 라깡과 바디우", 「라깡과 현대정신분석」 제10권 제1호(2008), 98쪽.

는 우리의 신체와 정신이 다른 대상들과 만나서 생기는 감응변용에 의해 결정된다. 즉, 의식은 몸과 사유의 결과이며, 그 둘의 관계에서 변용되는 욕망의 운동이며, 욕망이 실현되는 기쁨과 그 과정에서 생겨나는 욕동을 조절하기 위한 고통의 교차로 진행된다. 삶이 기쁨과 고통의 차이가 만들어 내는 변주곡이라면 둘의 지속적인 완성을 향해 나가는 과정은 환상과 욕망을 드러내고 거절하여 완전에 이르고자 하는 가치 어린 고통의 여정이다. 그 여정을 거치는 동안 같은 인간이라 할지라도 감정의 변화에 따라 다양화하며, 그리고 때로는 흔히 상호 대립되기도한다. 그 때문에 인간은 여러 방향으로 무질서하게 이끌리고 또 자기가 어떤 상태에 처해 있는지 알지 못한다.

스피노자에 따르면 기쁨은 인간이 보다 작은 완전성에서 보다 커다란 완전성으로 이행하는 것이며 슬픔은 인간이 보다 커다란 완전성에서 보다 작은 완전성에로 이행하는 것이다.[8] 이 대극의 차이는 완전성으로 이행하는 기쁨과 슬픔의 대립구조를 통해 더욱 명료해진다. 이 차이는 타자와 타자의 삶의 배열이 주는 외적 원인의 관념을 동반함으로써 더욱 심화된다. 균

---

8 B. 스피노자, 『에티카』, 강영계 옮김 (파주 : 서광사, 2007), 220쪽.

형은 삶을 주도하는 쪽에서 자신이 추구하는 방향에 기쁨의 요소를 더 투입하는 것에 있다. 이 기쁨에는 좋음과 나쁨을 배열하는 의지적 추구도 들어있다. 이 좋음과 나쁨은 감정적인 것이 아니라 자기동일성의 배열로 이루어진 존재의 질적 차이를 의미한다. 이 상황에서 좋음이란 자신의 본성과 맞는 좋은 관계들을 배열하고 구성하여 자신의 역량을 증가시키는 동일성의 확장이다. 또한 이러한 동일성의 배열, 질적 차이, 의식, 환상을 깨뜨리는 고통을 더 큰 기쁨으로 극복할 수 있어야만 가능한 일이다. 결국 살아있는 삶이란, 사랑의 잉여를 가지고 자유롭고 능동적인 감정으로 더 큰 기쁨을 찾아나서는 활기찬 여정이다. 스피노자의 사랑의 철학도 차이를 맞아들일 수 있는 기쁨을 추구하는 삶이다. 투쟁과 갈등, 삶의 숱한 관계들의 교차 속에서 능동적 기쁨을 낳는 의식이야말로 건강한 삶의 표지판일 테니까.

그렇다면 현대의 종교들은 이러한 삶의 차이들과 기쁨에 대해 얼마나 민감하게 수용하고 있는가? 종교가 삶에 대해 발언할 영향력을 잃어버린 것은 이 타자성을 조율하는 기쁨과 고통의 균형에 대해 둔감해졌기 때문이다. 특히 가장 낯설고 정복할 수 없는 고통스런 타자는 죽음이다. 생로병사를 겪어야 하고 끊임없이 변화하는 삶의 괴로움으로 인해 종교는 불변과 안정을 원하는 사람들의 열망을 반영하게 되었다. 그 결과 만들어진 것이 고통과는 분리되어 언제나 젊고 힘이 넘치고 전능한 모습의 우상이다. 그러나 모든 고통에서 빗겨나 있는 우상은 끊임없이 고통을 겪어야만 하는 인간의 삶과는 거리가 있다. 진정한 종교는 끊임없이 밑으로 끌어내리는 악령들과 싸우며 차이가 올 때 초대받지 않는 손님처럼 딸려오는 고통을 유연하게 겪어 낼 수 있도록 기쁨을 창출할 것이다. 북극성을 바라보며 끊임없이 방향을 조정하는 조타수처럼 종교 역시 삶의 타자성을 수용하기 위해 유연하고 자유롭게 변화할 수 있어야 한다. 삶의 곳곳에 숨겨져 있는 차이를 유연하고 변화무쌍하게 담아내는 과정은 마치 춤을 추는 것과 같다. 타자와 함께 춤을 출 때 우리는 때로 상대의 발을 밟기도 하고 자기 방식대로 상대방을 이끌고 가려 애쓰기도 한다. 그러나 이내 우리는 서로가 호흡을 맞추면서 함께 리듬을 탈 때 가장 아름답고 유쾌한 춤이 탄생한다는 것을 깨닫게 된다. 생생하게 살아가기를 원하는가? 그렇다면 삶과 함께 춤을 추는 방법을 배워야 한다. 비아 비타via vita, 삶 속에서 가장 자기다운 생생함, 기쁨과 고통이 함께 하는 차이의 리듬을 발견하면서.

한계는 양면적인 의미를 갖고 있다. 기존에 자신이 살던 세계를 견딜 수 없을 정도로 갈망이 극대화되었다는 의미이기 때문이다. 한계에 부딪힐 때 사람들은 자신의 세계가 얼마나 갇힌 곳인지, 동시에 자신의 갈망이 무엇을 지향하고 있는지를 선명하게 깨닫는다. … 정문일침頂門一鍼은 대극의 갈망을 극대화시키면서 동시에 그 갈망을 다 담을 수 없는 기존의 세계를 깨뜨리는 역할을 한다.

6

마음 공부

오직 마음으로 볼 때만
분명하게 보인다
소중한 건
눈에 보이지 않아

- 생 떽쥐베리, 『어린왕자』

心不在焉, 目不見
마음이 없으면 볼수 없다

- 주희, 『大學』

현대의 업적은 보이지 않는 너머와 이면의 세계를 밝혀낸 것이다. 의식의 너머에 있는 무의식, 세계 배후의 이데올로기, 신이란 이름 뒤의 우상들…. 무의식은 거대한 영혼의 마그마다. 폭발하고 생성하고 무엇으로 태어나지 모르는 모든 잠재성의 덩어리. 보이지 않는 세계를 밝혀내면서 현대의 공부는 의식의 닻을 쥐고 무의식의 바다를 항해하는 여행이 되었다. 보이지 않는 세계를 의식의 표면에 불러내어 새로운 창조와 관계를 보는 것. 보이는 세계와 보이지 않는 세계를 연결하여 생의 풍요와 창조를 깊이 맛보는 것. 객관의 신화에 균열을 내고 보이지 않는 숨은 전체성을 생명의 힘을 불어넣는 것. 몸과 마음이 지금 여기 생생함을 살아내는 공부를 할 수 있을 것.

마음을 공부한다는 것

마음을 공부하기 위해서는 '진정한 앎'이 과연 무엇인가를 살펴 볼 필요가 있다. 파커 팔머Parker Palmer는 '잘 가르치기' 위해서, 그리고 '잘 배우기' 위해서는 먼저 '앎'의 정체성을 확립하는 것이 중요하다고 말한다.[1] 그에게 객관적 지성이 독단적으로

---

1 파커 팔머, 『가르침과 배움의 영성』, 이종태 옮김 (서울 : 한국기독학생회출판부, 2006).

만들어 온 세계는 결함이 있고 위험하며 치명적이다. 그의 해법은 지성과 마음이 하나가 된 온전한 시각이다. 팔머에게 온전한 공부는 '지성과 마음의 두 눈이 하나가 되어 온전한 시각으로 바라보는 것'이다. 사실 지금까지의 공부가 지성mind이라는 하나의 눈, 즉 교사가 제공하는 정보중심의 관점에 의존해 왔다면 이제는 마음heart의 눈, 다시 말해 내적인inner 관계성이 이루어지는 눈으로 세계를 보는 내면의 교사들이 필요하다. 객관적 인식이론과 관습적 교실에서 파생된 다양한 교육의 폐해들을 극복하는 공부가 필요하다는 것이다.

객관성이라는 허울은 교육의 현실에 대한 두려움과 공포에 근거한다. 학생은 전문가인 교사를 두려워하며 노트와 침묵 뒤로 숨고 교사는 학생을 두려워하며 자신의 교단, 경력, 권위 뒤로 몸을 가린다. 또한 동료 교사와의 만남을 두려워하여 자신의 전공 분야 뒤로 숨고 객관성이라는 허울을 쓰고 육화되지 않은 죽은 지식이나 사실만을 앵무새처럼 전달한다. 사실이라는 미명 아래 숨은 진리, 역설과 동기는 뒤로 숨게 된다. 사실 근대를 지배했던 사고방식은 의식과 이성 중심적인 사고였다. 무엇을 본다고 얘기하면 칸트의 경우, 감각이 컴퓨터로 입력하면 그대로 나오는 것처럼 보이는 것을 어떤 감각이 처리하는 범주, 기관이 있어서 그대로 나오는 것처럼 생각했다. 물物 자체는 보이지 않기 때문에 알 수 없고 그것을 경험해서 나오는 어떤 입력된 코드 그대로 나오는 것이라고 생각했던 것이다.

그러나 세계는 현상 그대로가 전부인 평면적인 곳이거나 객관적인 것이 아니다. 여기 한 송이의 장미가 피어 있다. 칸트는 그 장미를 보며 감각 기관에 수용된 그대로 장미가 인식된다고 생각할 것이다. 그러나 후설Edmund Husserl은 인식이 그렇게 단순하게 이루어지지 않는다고 생각했다. 만약 그렇게 기계적으로 인식이 이루어진다면 장미에 대해 사람들이 갖고 있는 이미지가 그렇게 제각각일 리가 없다. 어떤 사람이 중요한 시험에 떨어졌다고 해 보자. 그 사람의 눈에 길가에 핀 장미가 들어올 리가 없다. 아무리 장미가 새초롬하게 햇빛 속에서 자신의 자태를 드러내도 시험에 떨어진 사람의 눈에 보이는 것은 아득한 잿빛 세상일 것이다. 그러나 오늘 자기가 사랑에 빠졌다는 것을 깨달은 사람의 눈에는 붉게 벌어진 장미 꽃잎이 마치 태양의 빛처럼 여겨질 것이다. 이렇게 우리는 마음의 지향성에 따라 세계를 본다.

어린 왕자가 꽃밭에서 수많은 장미들을 바라보며 한 말이 바로 이것이다. 세계에는 수만 송이의 장미가 있지만 나의 장미는 단 한 송이 뿐이다. 어린 왕자의 말은 칸트가 듣기에 이해할 수 없는 것이다. 감각 기관에 수용된 장미는 다 같은 장미인데 어떻게 그 중에 전혀 다른 장미가 있을 수 있는가? 그러나 후설은 이렇게 답할 것이다. 세계는 현상으로서 우리 앞에 있지만 어떤 현상을 받아들일지 결정하는 것은 우리의 마음이다. 의미는 존재를 결정한다. 아무리 많은 장미가 피어 있어도 마음에 들어오지 않는다면 장미는 그 사람에게 없는 것과 같다. 그러나 어린 왕자가 찾던 장미가 눈앞에 피어 있다면 어린 왕자에게 그 장미는 온 세계와 같다. 밤하늘에 떠있는 별은 그 수를 셀 수 없을 정도이지만 누군가 하늘에 떠 있는 별을 볼 때마다 별들이 웃는 별, 사랑하는 사람의 눈에만 보이는 웃을 수 있는 별, 자식이 없어 고민하는 아브라함에게 나타나 기적 같은 희망을 약속하는 신이 희망의 메타포로 사용한 별은 사람마다 다 다른 별이다.

후설은 세계에 대한 의식의 지향성을 강조한다.[2] 의식이 무언가를 지향한다는 것은 이미 무언가 갈망을 갖고 있어서 어떤 이끌림에 반응한다는 것이다. 어제와 오늘의 움직임이 다른 마

---

2 에드문트 후설, 『논리연구 2-1, 현상학과 인식론 연구』, 이종훈 옮김 (서울 : 민음사, 2018), 417-504쪽.

음의 운동성을 갖고 있다는 뜻이다. 성서의 모세 이야기를 보자. 모세가 여호와를 만난 곳은 이 세계 밖의 어떤 특별한 곳이 아니었다. 그곳은 늘 모세가 양을 몰며 지나치던 가시나무 덤불이었다. 그날 모세의 눈에 가시나무 덤불이 이상한 모습으로 불타고 있는 것이 들어왔다. 가시나무는 오래 전부터 불타고 있었을 수도 있지만 모세는 그것을 발견하지 못했다. 모세에게 일어난 어떤 마음의 변화가 그 순간에 불타는 가시나무를 눈에 들어오게 한 것이다. 중요한 것은 그의 마음이 보고 있는 그것이었다.

예수 그리스도조차 사람들에게 기적을 행하기 전에 마음의 지향성에 대해 먼저 물었다. "네가 진정으로 무엇을 원하느냐?" 기적조차도 마음이 이미 간절히 바라보고 있는 것에 반응하여 나타나는 것이다. 그것을 원하지 않는 사람들에게는 메시아조차 기적을 행하지 않았다. 그러니 중요한 것은 우리의 마음의 지향이 어디에 있는지 살피는 일이다. 우리는 원하는 것을 보게 되어 있고, 그러한 관계를 맺고, 결국에는 그 길로 가게 된다. 어떤 상황이라도 우리가 삶에 책임을 질 수밖에 없는 이유는 우리가 결국 마음의 지향에 따라 살게 되기 때문이다.

이렇듯 실제로 사람들과 세계를 움직이는 것이 마음이기 때문에 현대 사회는 마음을 쟁탈하려는 온갖 전략들로 넘쳐난다. 마음을 끌어당기는 힘을 현대는 미시 권력이라고 부른다. 권력은 직함이나 물리적인 힘에만 있는 것이 아니다. 현대는 권력의 양상이 훨씬 복잡해져서 눈에 보이지 않는 마음을 쟁탈하는 영역까지 다룬다. 소비자 심리학을 연구하여 사업가들은 돈 버는데 쓰고, 정치인들은 표심을 연구해서 정치하는 데 쓰고, 심리학자들은 학문 연구에 쓴다. 모두가 우리의 마음을 쟁탈하려고 안간힘을 쓰고 있다. 이런 시대속에서 우리는 어떻게 마음의 영역을 가치 있는 곳으로, 정말 우리를 생생하게 살아있게 만드는 근원으로 만들 수 있을까?

우리 모두는

자기 삶의 연구자가 되어야 한다네

내가 나 자신을 연구하지 않으면

다른 자들이 나를 연구한다네

시장의 전문가와 지식장사꾼들이

나를 소비자로 시청자로 유권자로

내 꿈과 심리까지 연구해 써먹는다네

우리 모두는

자기 삶의 연구자가 되어야 한다네

내 모든 행위가 CCTV에 찍히고

전자결제와 통신기록으로 체크되듯

내 가슴과 뇌에는 나를 연구하는

저들의 첨단 생체인식 센서가 박혀 있어

내가 삶에서 한눈 팔고 따라가는 순간

삶은 창백하게 빠져나가고 만다네

우리 모두는

자기 삶의 최고 기술자가 되어야 한다네

최고의 삶의 기술은 언제나

나쁜 것에서 좋은 것을 만들어내는 것

복잡한 일을 단순하게 만들어내는 것

삶은 다른 그 무엇도 아니라네

삶의 목적은 오직 삶 그 자체라네

지금 바로 행복하기 위해서가 아니라면

우리가 이토록 고통받을 이유가 없다네

우리 모두는

자기 삶의 최고 연구자가 되어야 한다네

- 박노해, 「자기 삶의 연구자」[3]

　현대성의 의의는 이렇게 보이는 현상 뒤에 보이지 않는 세계가 힘을 발휘하고 있다는 것을 밝힌 것에 있다. 성서에는 마음을 가리는 표면적인 장치들을 깨뜨리고 마음의 지향성이 정확히 어디를 향하고 있는지 조명하는 장면이 자주 나온다. 복음서에 나오는 한 부자 청년은 예수에게 찾아와 자신이 율법을 다 지켰다고 자랑스레 고한다. 이때 그는 자기가 가진 고정관념, 즉 율법을 모두 지키는 자는 선하다는 생각 때문에 자기 마음을 제대로 알아보지 못한다. 자신의 내면에서 움직이는 실체를 보지 못한 채 표면적 율법을 지키는 행위는 고정관념과 자기 방어를 더욱 강화시킨다. 예수는 선을 가장한 그의 방어벽을 깨뜨린다. "네 소유를 팔아 가난한 자들에게 주라. 그리고

　3　박노해, 『그러니 그대 사라지지 말아라 : 박노해 시집』, (서울 : 느린걸음, 2010), 36-37쪽.

와서 나를 좇으라._{마태복음 19:21}" 그러자 성서는 청년이 근심하며 돌아갔다고 기록한다. 예수는 청년이 자기 마음을 가리고 있던 공고한 탑을 깨뜨리고 그의 마음이 정말 지향하고 있는 것이 무엇인지 보게 하였다. 청년의 뒷모습을 보며 예수는 제자들에게 말했다. "부자가 하나님 나라에 들어가는 것보다 낙타가 바늘 귀로 지나가는 것이 더 쉽다._{마태복음 19:24}" 그러자 제자들은 말했다. "보십시오, 우리는 모든 것을 버리고 선생님을 따랐습니다._{마태복음 19:27}" 그러나 예수가 보기에 제자들의 반응은 부자 청년의 반응과 다를 것이 없는 것이었다. 부자 청년이 보이는 행위를 '축적하는 것'을 통해 구원을 얻을 수 있다고 생각했다면, 제자들은 보이는 것들을 '버림으로써' 구원을 얻을 수 있다고 생각하고 있었다. 결국 둘 모두 보이는 세계를 통해 스스로 노력해서 구원을 쟁취하려는 공통점이 있다. 이들은 상극처럼 보이지만 보이는 세계 속에 갇힌 방식이라는 점에서 동전의 양면과 같은 관계이다. 제자들은 절망한다. "그러면 도대체 누가 구원을 얻을 수 있습니까?" 이들은 마침내 자기 한계에 도달한 것이다. 한계는 양면적인 의미를 갖고 있다. 한계는 절망과 좌절의 지점이기도 하지만, 기존에 살던 세계를 견딜 수 없을 정도로 내적 갈망이 극대화되었다는 의미이기도 하기 때문이다. 한계에 부딪힐 때 사람들은 자신의 세계가 얼마나 갇힌 곳인지 동시에 자신의 갈망이 무엇을 지향하고 있는지를 선명하게 깨닫는다. 예수는 이것을 잘 알기에 제자들을 일부러 극단적인 명제 앞에 세워서 절망에 빠뜨린다. "부자가 하나님 나라에 들어가는 것보다 낙타가 바늘귀로 지나가는 것이 더 쉽다."

정문일침頂門─鍼은 대극의 갈망을 극대화시키면서 동시에 그 갈망을 다 담을 수 없는 기존의 세계를 깨뜨리는 역할을 한다. 그 일침을 통해 예수는 알에 갇힌 세계를 깨뜨리고 보이지 않는 큰 차원의 세계로 제자들의 마음을 인도한다. 자기 한계를 알아볼 수 있는 것은 일종의 은총이다. 기존의 세계에 안주할 때는 한계에 부딪힐 수도 없기 때문이다. 절망이란 완전한 끝이 아니라 더 큰 세계가 기다리고 있음을 알리며 숨어있는 온전성으로 들어가는 문이다. 절망은 새로운 차원의 돌파와 함께 숨어있는 새로운 차원의 희망으로 돌입한다. "사람으로서는 할 수 없다. (그러나) 하나님은 하실 수 있다." 이 문장 속에 숨어있는 접속사 '그러나'로 인해 국면이 자연스럽게 전환되고 있음을 주목하자. 이 지점에서 고착된 마음의 지향성이 깨트려지면서 역설의 요소가 들어오고 새로운 차원의 활력이 생겨난다.

마음의 지향조건

하이데거는 후설의 지향성에 대해 일상의 마음은 항상 어디를 지향하지는 않는다고 반박한다. 그에 따르면 마음의 지향에는 조건이 필요한데, 평소의 몸에 밴 일상의 습관과 다르게 움직여야 한다는 것이다. 즉, 일상적 습관의 구조 속에 있는 나는 이미 '세계-내-존재'로서 살고 있다. 후설이 마음의 지향성을 발견했다면 하이데거는 그러한 마음의 지향성이 항상 작동하지는 않는다는 것을 밝혀냈다. 지향성은 특수한 경우에만 발생한다. 배려불가, 사용불가는 지향성을 바꾸는 필요조건이다.

> 가까이 손 안에 있는 존재자를 '배려함'에서 사용 불가능한 것으로, 다시 말해 특정한 용도로 사용하기에는 부적절한 것으로 만나게 될 수 있다. 이 경우 작업 도구는 파손된 것으로 판명되고 재료는 부적합한 것으로 드러난다. 도구는 여기에서도 어쨌거나 손 안에 있는 것이기는 하다. (…) 이런 사용 불가능성의 발견에서 도구는 마침내 우리 '눈에 띄게' 되는 것이다.
>
> - 하이데거, 『존재와 시간』[4]

---

4 마르틴 하이데거, 『존재와 시간』, 이기상 옮김 (서울 : 까치, 1998), 106쪽.

하이데거는 인간이 '세계-내-존재'로서 존재한다는 사실을 보다 더 강조하고자 했다. 나의 현존재는 다른 현존재와 만나 관계를 맺으며 살아간다. 무엇인가를 의식하기 이전에, 다시 말해 우리 의식이 무엇인가를 지향하기 이전에, 인간은 이미 혹은 벌써 세계에 던져져 세계와 관계를 맺고 있는 존재라는 것이다. 이 세계-내-존재인 인간은 이미 사물들이나 타인과 '배려함'을 통해서 관계하고 있다. 보통사람은 대부분 다른 사람과의 배려를 통해 사회적 관계를 유지한다. 사물과의 관계 역시 마찬가지다. 아침에 일어나면 별 다른 지향 없이 습관적으로 욕실의 불을 켜고 신문을 읽고 일터에 가서 별다른 생각 없이 컴퓨터를 부팅한다. 그리고 별다른 문제가 없는 한 전등은 켜지고 신문은 배달될 것이며 컴퓨터가 켜진다. 이런 컴퓨터와 나 사이의 친숙한 관계가 바로 하이데거가 말한 '배려함'의 관계 혹은 '손 안에 있는 관계'이다. 이렇게 별다른 문제없이 습관적으로 모든 사물들이 친숙하게 배려되는 관계로 있을 때 우리는 전등이나 신문이나 컴퓨터를 특별히 마음을 들여 지향하면서 의식하지 않는다. 이미 너무 친숙해진 것들은 자동적으로 인식된다. 그러한 사물과 사람에 대한 마음의 지향성은 문제시되거나 제한적인 경우에만 발생하는 것이다.

하이데거의 이론이 마음공부에 의미가 있는 것은 기존의 지향성 외 '배려함'이라는 새로운 지평을 열었다는 것에 있다. 또한 우선 마음의 지향성을 알아차리기가 그렇게 쉬운 일이 아니라는 점도 주목했다. 수많은 정보와 지식정보사회에 살고 있는 우리는 타인의 기대와 시선, 일의 압박 등에 둘러싸여 있으므로 자신이 진정으로 무엇을 원하는지 그 지향성을 알기 어렵다. 사실 사람들에게는 마음이 원하는 것을 찾아 사는 삶보다 안전하고 습관적인 삶이 더 편한 삶이다. 객관적이라거나 과학적이라거나 이성적이라는 말은 현실감각이 떨어지는 혹은 다른 별에서 온 엉뚱한 사람이라는 말과 등가어로 쓰인다. 그렇다면 객관이 주는 안정과 보편의 숲에서 마음의 지향성을 알아차리는 마음 공부의 가능성은 어디에 있을까?

여기서 습관화된 것과 용도의 관계, 그리고 객관화된 공부 사이를 짚어보자. 습관은 지향하지 않는다. 예를 들어 걸음을 걸을 때 무의식적으로 발을 내딛는 것이지 "왼발 다음에 오른발"이라고 의식적으로 생각하며 걷지 않는다. 그런데 문득 걷는 방식을 생각할 때 내가 걷는 방법들이 인식되기 시작한다. 이런 식으로 우리가 습관적으로 하고 있는 행동들을 관찰하는 일이 필요하다. 그것은 부모님에게서 익힌 것이기도 하고 어린 시절의 트라우마로부터 비롯된 것이기도 하다. 또한 습관은 자신에게 은밀하게 이익이 되는 무언가를 포함하고 있다. 그런 삶의 방식이 사람들에게 인정받는 데 유리하다든지, 돈벌이를 하는 데 편리하다든지, 직장생활을 유지하는 데 편리하다든지 하는 실용의 방식으로 말이다. 따라서 습관화된 세계가 깨뜨려지는 지점은 그 세계를 지탱하던 방식이 무용해지는 순간이다. 세계에 틈이 벌어지는 순간, 하이데거는 그것을 "사용 불가능"한 순간이라고 부른다. 습관적으로 지속되던 세계가 더 이상 작동하지 않을 때 비로소 우리는 자신에 대해 생각해 보게 된다. 연애의 관계가 진짜 사랑인지 알 수 있는 순간은 둘의 관계가 이전과는 다른 양상으로 변모할 때이다. 상대방의 집안이 어려워져서 데이트 비용을 내가 훨씬 많이 부담하게 된다면 그때 사랑의 구도는 어떻게 변하게 될까? 또 상대방이 유학을 가게 되어 가끔씩만 만날 수 있다면 그때 사랑의 의미는 어떻게 달라질까? 이렇게 습관적이었던 세계에 새로운 변화가 생길 때 그 세계를 근본적으로 돌아볼 수 있는 기회가 생긴다.

이 새로운 시야 속에서 우상$_{idol}$이었던 것들이 드러난다. 기존의 세계가 유지될 수 있도록 욕구를 채워주는 것이 우상이다. 아이를 낳기 위해 개구리 신에게 제물을 바친다든지 돈을 많이 벌 수 있도록 관우 신을 섬기는 것이 이에 해당한다. 현대적인 종교 안에서도 좀 더 세련된 방식이겠지만 이러한 거래는 여전히 유효하다. 우상과 숭배자의 관계는 일종의 계약 관계이다. 섬기는 사람은 원하는 것을 얻기 위해 우상에게 제물을 바치고, 우상은 그것을 받으며 신자가 원하는 것을 제공해 주어야 한다. 그것을 들어주지 못할 경우 우상은 '사용 불가능'한 것이 되어 폐기된다. 오늘날의 종교는 실상을 따져보면 우상과 같은 역할을 하고 있는 경우가 많다. 자식이 좋은 대학에 다니도록 빌기 위해 절에 다니고 사업이 잘 되게 해 달라고 교회를 다닌다. 그런데 자식이 대입 시험에 낙방하고 사업에 실패하면 종교는 무용한 것이 되어 폐기된다. 그 때 진정성이 드러나는 것이다. 이렇게 사용가치에 따라 선택되는 종교는 진정한 종교가 아니라 우상의 대용품이다.

그러니 진정한 신과의 만남은 신의 대용품이었던 우상이 사용 불가능한 지점으로부터 온다. 제자들이 갇힌 세계 속에서 새로운 권력체계를 만드는 길이라고 믿었던 것을 예수가 깨뜨린 것처럼, 진정한 종교는 세계의 유용성에 갇히지 않는다. 그것은 실용과 객관과 권력의 상호 법칙에 매이지 않는 자유, 낯선 끌림, 경이로움으로 우리를 압도하는 것이다. 영성 역시 때로 무용한 것으로 비춰질 수 있다. 종교와 영성을 얘기하는 내 관심사 역시 늘 주위 사람들에게 비실용적인 것이라 지탄을 받았고 쉬이 이해되지 못했다. 돈벌이가 안되는 다른 사람들의 고통 문제가 뭐가 그렇게 중요하냐, 돈이 되는 일을 하라는 것이 주변에 있는 이들의 충고였다. 게다가 늦은 나이에 공부를 하겠다고 나서자 그런 압박은 더 심해졌다. 나는 내가 경험한 성스러움을 학문적으로 풀어내고 싶은 열정과 갈망으로 충천했지만 그런 이야기는 늘 심드렁한 반응을 겪기 마련이다. 졸업하면 도대체 나이가 몇이라든지, 여자이기 때문에 불리하다든지, 미래가 불확실하다는 등 이 반응들은 세계가 운영되는 유용성의 패러다임과 편리하게 습관화된 배려의 장치들과 실용의 배려로부터 온다. 그 기준 속에서 마음의 지향성은 고려되지 않는다.

이 사용 가능한 세계들을 깨뜨리며 불안이 도래할 때 우리는 마음이 진정으로 원하고 있는 것이 무언인지 돌아보게 된다. 그런 사건들은 기존의 안정적인 세계를 뒤흔들기에 무언의 폭력처럼 느껴지기도 하다. 기존의 땅을 불모지로 만들면서 새로운 땅으로 내모는 힘은 두렵고 이해 불가능한 경험이다. 그러나 바람은 본디 계곡 사이에서 부는 것이다. 넓고 평탄한 들녘에서는 바람의 흐름이 느껴지지 않는다. 협곡 앞에 서서 마음이 어디를 향해 불고 있는지 가만히 느껴보라. 그것은 어떤 땅으로 우리를 인도하고 있는가? 새로운 땅으로 발을 내딛을 때 무엇이 낡은 세계 속에 속해 있는지 명확히 드러난다. 일을 제대로 하지 못하게 하는 오래된 습관들, 자신에게 손해가 될까 두려워하거나 화를 내는 사람들…. 그 세계를 떠난 후에야 우리는 그곳이 어떤 세계였는지 오히려 명확하게 볼 수 있다. 그것은 마음을 따라가지 않으면 가질 수 없는 시야이다. 하이데거가 질문하고 있는 것이 이것이다. 삶의 한계는 우리 마음의 지향성에 어떤 영향을 미칠까? 그것이 단지 사용불가의 장애를 제거하거나 혹은 다른 욕망의 용법을 찾아내는 방향이 아니라 참된 향유와 창조로 이어지려면 어떤 지향들이 필요할까?

몸과 함께

후설의 제자인 퐁티Maurice Merleau Ponty는 한걸음 더 나아가 마음의 지향이 몸과 이미 연결되어 있다는 것을 밝혀냈다. 여기서 몸이라는 것은 독립적인 육체가 아니라 세계와 관계하고 있는 몸을 뜻한다. 마음이 지향하는 것은 의식적으로 노력한다고 되는 일이 아니라 이미 몸이 그리고 있는 지형 속에 포함되어 있다. 즉, 우리의 마음이 지향할 때 그 지향이 가능한 이유는 우리의 몸의(신체의) 경험이 존재하기 때문이다.

> 심장이 유기체 안에 있는 것처럼 고유한 신체는 세계 안에 있다. 그것은 시각적 광경을 살아있게 계속적으로 유지하고 생명을 불어넣으며, 내적으로 풍부하게 하고 그것과 더불어 하나의 체계를 형성한다. 내가 나의 아파트를 걸어 다닐 때, 그 아파트가 나에게 자기 모습을 드러내게 되는 여러 가지 국면들이 제각각 여기서 또는 저기서 보인 아파트를 표상한다는 것을 내가 모른다면, 나 자신의 운동을 내가 의식하지 않고 나의 신체를 그 운동의 단계들을 통해서 동일한 것으로 내가 의식하지 않는다면, 그 국면들은 동일한 사물의 다양한 측면들로 나에게 나타나지 않을 것이다. 분명히 나는 그 아파트를 생각으로 훑어볼 수도 있고 상상할 수도 있으며 또는 종이 위에 그릴 수도 있다. 그러나 그때라고 해도 나는 신체적 경험의 매개가 없다면 대상의 통일성을 파악할 수 없다.
>
> - 메를로 퐁티, 『지각의 현상학』[5]

5   메를로-퐁티, 『지각의 현상학』, 유의근 옮김 (서울 : 문학과지성사, 2002), 311쪽.

하이데거가 세계-내-존재인 우리가 '늘' 지향성을 가지지는 않는다는 것에 주목했다면, 퐁티는 우리 마음이 지향하는 작용은 그다지 순수하지 않다는 것에 주목했다는 것을 알 수 있다. 퐁티가 자신이 경험했던 아파트를 생각으로 훑어볼 수도 있고 상상할 수도 있으며 또는 종이 위에 그릴 수도 있다고 한 이유는 바로 내 신체를 통해서 경험을 했기 때문이었다. 그러므로 우리가 의식적으로 자각하고 있는 것은 순수하게 우리 마음에 들어오는 것은 아니다. 그것은 우리의 신체 경험을 전제하고 있는 것, 어쩌면 신체 경험을 추상화한 것에 지나지 않을지도 모른다. 퐁티가 지각된 광경은 순수 존재를 갖지 않는다고 말했던 것도 바로 이런 이유 때문이다. 지금 모든 것들이 들어오고 자각되는 것들은 순수 존재를 갖는 것이 아니다. 두께가 있다. 촉각도 있다. 관계의 주름도 있다. 퐁티의 말대로 나의 의식적인 자각에는 "신체가 가진 자연적 능력"이나 "개인적인 나의 역사"가 전제되어 있기 때문이다. 인간을 "함몰이나 주름"이라고 비유했던 것도 이 때문이다. 그래서 푸코와 들뢰즈의 사유에서 보여지듯이 마음이 지향할 수 있는 자유는 절대적이고 순수한 자유라기보다 기존의 함몰이나 주름 위에 새로운 함몰이나 주름을 만들 수 있는 가능성으로서의 자유라고 할 수 있겠다.

'성육신'한 예수의 몸은 새로운 함몰과 주름을 만들어 낼 수 있는 세계-내-존재 인간의 실용성과 객관적 척도를 완전히 초월한 몸이었다. 초월이 내재된 몸은 인류를 구원할 메시아라는 소명에 비하면 너무나 초라한 몸을 입고 살아갔다. 그는 메시아를 가장 오랫동안 기다린 이스라엘 백성들조차 알아볼 수 없었던 구원자였다. 구원은 권력과 실용과 기존의 기표가 극대화된 객관의 결합이어야 하지 않을까? 왕궁에서 태어나고, 아름다운 옷을 입고, 많은 군사를 가져야 하지 않을까? 이 요소들은 하이데거의 관점에서 보면 배려와 용도에 갇힌 것들이다. 예수는 단지 자신에게 주어진 세계를 초월을 안고 몸으로 살았다. 이스라엘의 작은 어촌 마을이었던 갈릴리의 목수로, 가난하고 식솔 많은 집의 맏아들로서. 그 몸을 입고 예수는 보이지 않는 세계의 잠재성을 현상의 세계 속으로 연결시켰다. 만일 해방을 위한 마음의 지향이 위대한 생각으로 가능한 것이라면 평범한 생각을 하는 사람은 전혀 희망이 없을 것이다. 그러나 예수가 일으킨 구원은 그의 한계있는 몸을 입고 탄생했다. 목수로서의 삶의 경험, 그가 관계 맺었던 사람들, 이스라엘이라는 지역의 특수성, 이스라엘의 갈망 등, 그의 신체에 새겨진 주름의 흔적이 구원의 세계와 연결될 수 있는 희망의 접속면이 되었다.

퐁티가 밝힌 것이 이러한 몸과 마음의 유기성이다. 마음의 지향은 애써서 의식하는 것만으로 이루어지는 것이 아니라 몸의 주름진 흔적 속에서 발현된다. 그래서 마음은 생각만으로 가늠할 수가 없다. 몸이 겪고 있는 복합적인 경험들이 마음 속으로 밀려들 때 새로운 세계에 대해 감지할 수 있는 가능성이 열린다. 그것은 생각의 틀이 가진 기준들로는 측정할 수 없는 삶의 역설과 복합성을 지니고 있다. 예를 들어 하루가 너무 피곤해서 심장을 15분 동안만 멈춰야겠다고 생각해보자. 심장이 생각대로 작동될까? 그렇지 않다. 우리가 무슨 생각을 하건 간에 육체는 생명을 유지하기 위한 일을 계속 한다. 몸은 의식적인 통제로 어찌할 수 없는 의식의 타자이다.

퐁티는 이러한 몸의 생생함에 주목했다. 그것은 우리의 갇힌 의식에 구애받지 않으며 경험의 세계를 향해 열려 있다. 몸이 겪고 받아들이는 것에 비하면 생각이 차지하는 영역은 너무나 작다. 그 몸은 관계성으로 연결되어 있는 몸이다. 어떤 학생이 강의실에서 수업을 듣고 있다고 해 보자. 그의 몸이 강의실에 놓일 때 수많은 관계들이 작동된다. 우선 그의 몸이 지정된 강의실에 놓였기 때문에 그는 강의를 듣는 학생이 된다. 이것은 의식 이전에 이루어지는 문제이다. 이렇게 강의를 듣고 있을 때 그 학생은 자신을 가르치는 교수, 함께 공부하는 친구들이라는 관계구조 속에 놓여 있다. 이렇게 우리는 태어나면서부터 죽을 때까지 관계 속에 끊임없이 놓이게 된다.

이 관계를 통해 삶에 어떤 요소가 들어오고 있는지 민감하게 포착하고 그것을 유연하게 받아들이는 자세가 필요하다. 강의 하나를 들을 때도 우리는 수많은 관계의 영향을 받는다. 생각은 강의를 열심히 쫓아가고 있지만 우리의 눈은 강의실 창문에서 들어오는 햇빛의 변화를 감지하고, 필기하고 있는 펜의 잉크 양을 체크하고, 옆에 앉은 학생이 어떤 딴 짓을 하고 있는지도 볼 수 있다. 생각으로 이러한 것들을 다 포착할 수는 없다. 몸의 감각기관은 생각보다 훨씬 많은 정보들을 이미 처리한다. 그래서 생각은 언제나 사후적인 것이고 되짚어보며 반성하는 것이다.

마음은 이렇게 몸이 맺고 있는 관계들 속에서 적응할 수 있는 능력을 갖고 있다. 적응은 상황에 압도되어 굴복하는 것이 아니라 상황 속에서 주체로 살아갈 수 있는 유연함을 뜻한다. 그것은 능동적으로 상황에 맞추어 자신을 발현시키는 자발적 생기이다. 자발성과 생명을 잘 활용하면 어떤 상황에서도 자기답게 살아남을 수 있다. 길가에 피어나는 민들레들을 보라. 민들레는 피어나는 데 있어서 장소를 가리지 않는다. 그 꽃은 아스팔트 틈새에서도, 맨홀 뚜껑 옆에서도 한줌의 흙을 파고들어 샛노란 꽃을 피워낸다. 이 생명의 능력은 상황을 정확하게 인식하고 그 정보를 해석할 수 있는 것과 연관된다.

우리가 땅 위에서 뿌리 내리고 있는 꽃이라고 한다면 뿌리박고 있는 땅이 주는 감각, 자극, 의식, 의미 등을 하나의 몸으로 체현하고 있다. 이 몸으로서의 마음이 좇는 지향성을 잘 설정하려면 어떻게 해야 할까? 퐁티나 들뢰즈라면 관계의 배열을 바꾸는 것이 그 답이라고 말할 것이다. 연인 간의 갈등이 생겼다고 생각해 보자. 한쪽이 몸이 아팠는데 다른 쪽이 그것을 잘 알아차리지 못해 갈등이 생긴 상황이다. 그래서 서운해진 쪽은 이별을 고한다. 이때 문제는 누가 더 잘못했는지를 따지는 이분법적인 사고방식이 아니라 두 사람 사이의 관계 배열을 점검하고 다르게 배치하는 것이다. 자신의 상황을 알아주지 않을 때 서운하게 만드는 두 사람 사이의 관계, 또 그랬을 때 관계를 할수 없다고 결론짓게 하는 관계 방식을 바꿔야 한다. 이미 습관이 되어 있는 이 방식을 알아차리고 변화를 줄 때, 관계는 새로운 양상으로 변화할 수 있다. 이런 관계 배열의 변화는 사람들 사이에서만 적용되는 것이 아니다. 사회, 학교, 교회 등 개인보다 훨씬 큰 타자들과의 관계에서도 이러한 일이 일어나야 한다.

예수 그리스도의 성육신 사건은 이 관계 방식의 변화가 급진적으로 나타난 사건이었다. 그는 인간의 몸을 가지고 다른 차원의 잠재성을 역사 속에서 나타냈다. 그 잠재성이 예수의 몸을 통해 세계 속으로 연결되었을 때, 사람들은 이제까지는 알 수 없었던 관계 방식을 발견하게 되었다. 그러므로 예수 그리스도를 믿는다는 것은 예수가 실현했던 관계 방식 속으로 들어간다는 것을 뜻한다. 예수가 각 개인, 세계, 하나님과 관계 맺었던 방식을 잘 살펴보자. 그 관계를 따라갈 때 우리가 살던 방식에 변화가 생기며 나의 몸이 맺고 있는 관계들을 새롭게 재구성할 수 있는 방식을 찾아낼 수 있을 것이다. 우리의 마음은 무엇을 지향하고 있는가? 그리고 우리의 몸은 무엇과 관계를 맺고 있는가? 눈에 보이는 세계에 조급해지기 이전에 모든 것의 근원인 우리의 마음부터 기경起耕해보자.

이전에 살았던 패러다임은 하나의 집처럼 우리 자신보다 훨씬 크다. 그것은 우리의 아버지, 어머니가 살아왔던 방식이기도 하고 지금까지 사회적 조건화를 겪으면서 형성된 규약이기도 하다. 즉, 피로사회나 성과중심의 사회, 경쟁사회 안에서 만들어낸 룰이 우리 자신에게는 이전의 집인 셈이다. 그러나 새로운 집을 선택할 때는 '노마드nomad 주체로서' 결정해야 한다. 노마드는 끊임없는 선택이자 이동이다. 이동하는 가운데 나의 집을 만들어야 한다. 움직이면서도 자신이 머물 수 있는 집을 갖고 있어야 하고 끊임없이 문을 열어서 사람들을 환대하고 받아들이고 소통해야 한다.

7

노마드의 집, 아버지의 집

"왜 너는 그런 집에 살고 있니?"
"음, 살고 있으니까 집이야."

- 미키오 이가라시, <보노보노>

우리는 희망의 노래를 부를 수 있다. 고된 추위를 이겨내며 온통 산천이 연녹색으로 뒤덮일 것을 그려볼 때, 이토록 지난한 시간을 거름으로 하여 언젠가는 꽃 한 송이를 피워내리라 믿을 때, 그리고 하루하루 희망 없는 현실 속에서도 돌아갈 집이 있을 때. 언젠가는 지난한 삶을 끝내고 돌아가서 어떤 영원한 존재와 하나가 되고자 하는 마음이 있을 때. 삶은 변화무쌍하게 이동하는데, 이 한복판에 뿌리내리고 정주할 수 있는 곳을 모색하고 변화와 생성 앞에서 새로운 틈과 공간을 만드는 것도 형이상학의 중요한 화두이다. 그래서 집으로 돌아가는 이미지, 근원이나 영원으로 돌아간다는 생각이 철학의 중요한 관점이고 종교의 중요한 관점이기도 하다.

사는 곳이 집이지

애니메이션 <보노보노>는 현대적인 집의 특징인 '돌아옴, 정주, 이동'에 관하여 많은 이야기들을 건넨다. 보통 집을 생각하면 마치 바위처럼 지정된 곳에 뿌리내린 안정적이고 안전한 이미지를 떠올릴 수 있다. 그러나 보노보노는 바다 위에 떠있기 때문에 그의 집은 액상 상태이다. 떠다닐 수도 있고 경계가 없어 필요한 장소로 집을 옮길 수 있다. 즉, 보노보노의 집은 노마드nomad의 집이다.

보노보노는 '다들 집이 있는데 나는 왜 바다 위에 떠있지?' 하고 생각하지만 사실 보노보노에게는 그 모든 것이 집이다. 노마드라는 용어는 들뢰즈가 '시각이 돌아다니는 세계'로 묘사하면서 현대 철학의 개념으로 자리잡았다. 기존의 가치와 삶의 방식을 부정하고 불모지를 옮겨 다니며 새로운 것을 창조해 내는 일체의 방식을 의미하며 철학적 개념뿐만 아니라 현대 사회의 문화·심리 현상을 설명하는 말로도 쓰인다. 또한 이 용어는 단지 공간적인 이동만을 가리키는 것이 아니라 버려진 불모지를 새로운 생성의 땅으로 바꿔 가는 것, 곧 한 자리에 앉아서도 특정한 가치와 삶의 방식에 매달리지 않고 끊임없이 자신을 바꾸어 가는 창조적인 행위를 뜻한다. '디지털 노마드'라고 하는 가상공간도 실은 떠다니는 집과 같은 상징으로 잠깐 세웠다가 또 흘러가면서 여러 지표에 매이지 않고 살아가는 다양한 집이라 할 수 있다.

보노보노의 친구들이 고형적인 집을 떠올리며 "왜 너는 그런 집에 살고 있니?"하고 물을 때, 보노보노는 "음, 살고 있으니까 집이야."라고 답한다. 여기서 집은 단순한 외형의 건축물이 아니다. 살고 있는 공간이 가지는 의미, 즉 집에 담겨있는 의미들,

관계들, 에너지, 집에서 느껴지는 감성들을 전부 다 포함한 것이 집인 것이다. 보노보노에게 가장 알맞은 집은 이미 자기가 사는 곳이었으며 바다의 흐름과 향기, 친구들과의 유쾌한 우정을 유지할 수 있는 거리와 관계망, 그 모든 것이 다 자기의 집이었다.

보노보노의 집에 대한 이미지는 현대의 집에 대한 논의들과 연관이 있다. 현대 이전에 집은 변화되지 않고 고정적이며 맘껏 놀다가도 언제나 다시 귀향할 수 있는 고정적인 이미지였다. 그러나 오늘날의 집은 오히려 떠다니고, 유동적이고, 이동적이다. 집이란 무엇일까? 포로리는 보노보노에게 집이 무엇이냐고 묻는다. 우리는 왜 집에서 살고, 항상 집으로 돌아갈까? 우리는 어떤 집을 원할까?

종교도 실은 집에 대한 귀환 본능과 비슷한 이미지를 가지고 있다. 언젠가는 돌아가야 할 곳, 이 세계를 떠나 근원적으로 안식해야 할 곳에 대한 메타포를 가지고 있어야 한다. 문학 작품을 보아도 고향이나 집은 돌아가고 싶은 모성 공간과도 연관이 있고 상처를 치유하는 곳, 늘 환대받는 곳이다. 그러나 현실의 집은 잃어버림과 소외와 결핍의 장소다. 현실의 집은 단순히 주거 공간이나 관계성의 의미보다 더 리얼하게 차별전략과 재산가치가 포함된 경제 정치적 화폐가치로써의 지표적 의미가 작동한다.

보이지 않는 집

프랑스의 경제학자 자크 아탈리_{Jacques Attali}는 앞으로의 세계에서 전형적인 인간의 모습은 노마드라고 말했다.[1] 그에 의하면 자유롭게 이동하는 이 노마드도 세 개의 층으로 분화되는데 가장 높은 계급은 고정적인 자기 집을 가지고 있으면서 자유롭게 이동할 수 있는 사람이고, 반면에 가장 낮은 계급은 이주 노동자처럼 생존을 위해 평생 집 없이 이동해야 하는 사람들이다. 만일 노마드를 단지 낭만적인 개념으로만 생각하면 이 차이들을 이해할 수 없을 것이다.

노마드가 가지고 있는 가장 중요한 특징 중 하나는 유영하기 때문에 경계가 없다는 것이다. 경계가 분리되거나 섞이면서 고립되는 것이 아니라 언제나 접속이 가능하다. 집의 안과 밖이 어떻게 계속 이동하고, 자유와 정주가 어떻게 그 속에서 바뀌

---

1 "다음 세기 인간의 전형적인 모습은 유목민의 가치와 사상, 그리고 욕구가 사회를 지배하는 모습일 것이다. 시장은 모든 노력을 총동원해서 유목민을 만족시키고자 할 것이다. 유목민은 자기 집을 가지고 어디든지 이동할 수 있으며 주요 오아시스와 항상 연결되어 있을 것이다." 자크 아탈리, 『21세기 사전』, 편혜원·정혜원 옮김 (서울 : 중앙M&B, 1999), 231쪽.

는지, 또 초대되지 않은 손님들이 오면 어떻게 관계가 달라지는지 등…. 노마드를 보이지 않는 집과 연관하여 생각할 때 이 집은 세 가지의 요소를 지니고 있다. 첫째는 리얼한 것Real, 둘째는 이미지너리한 것Imaginary, 셋째로 상징적인 것Symbolic. 현상학은 리얼한 것과 이미지너리한 것을 주로 이야기 하는데 현대 철학에서는 세 번째인 상징적인 것이 중요하다. 예를 들어 나무가 존재한다고 가정한다면 이 나무는 리얼하게 있는 것이고 그나무에 대한 내 생각은 이미지너리하다. 그리고 그 나무와 관계를 맺을 때는 상징적이다. 상징적이라고 할 때는 언어적 기능이 포함되어 있다. 나무를 보면서 '어, 저건 나무야.'라고 생각하면 나무라는 단어에 이미 기호가 들어가 있는 것이다. 그리고 그것을 나무라고 부르자는 약속이 들어가 있고 나무들이 많이 모여 있을 때는 그것을 숲이라고 부르자는 약속이 들어가 있다. 즉, 나무라는 존재에 상징인 언어가 이미 매개되어 있다. 우리가 삶 전체가 이러하다. 우리의 삶은 보이지 않는 상징의 집들로 짜여 있다.

말 또한 우리를 그 안에 존재하게 하는 보이지 않는 집이다. 우리는 말의 배열들 안에서 살고 있기 때문에 말은 언제나 우리보다 큰 집이다. 예를 들어 주민등록번호 뒷자리가 '2'로 시작되면 여자라고 정한 규범은 기호이자 약속의 상징으로서 우리 삶 전체가 분류된다. 따라서 말과 말의 체계는 우리보다 훨씬 더 큰 집을 구성하고 있다. 또 존재마다 각각의 집들이 있다. 예를 들어 사과가 존재한다면 리얼한 것, 우리가 사과에 대해 생각한다면 이미지너리하다. 그런데 상징적인 것은 관계마다 설정된 룰에 따라 다 다르다. 생물학 시간에 사과를 본다면 사과를 먹어서 소화되었을 때의 관계의 룰로 사과를 보지만 미술 시간에 사과를 본다면 그림을 그리는 관계의 룰로 사과를 바라보게 된다. 미술 시간에 사과를 그려야하는데 그 룰을 벗겨버리고 갑자기 사람들이 사과를 먹어버린다면 어떻게 되는 것일까? 먹는 룰에 의해서 사과를 대한 것이다. 이렇게 하나하나가 모두 리얼하고, 이미지너리하고, 그리고 관계를 맺고 있기에 상징적이다. 그래서 각자가 하나의 큰 집이다. 가령 A집에 들어가면 A집의 배열대로 살아야 되듯, 보이지 않는 각각의 집은 룰로 이루어져 있다.

우리가 보이지 않는 집에 대해 사유하게 되면 현대의 장치들을 잘 이해할 수 있을 것이다. 특히 신경증적 시대의 장치란 보이지 않는 집의 공간 배열망을 잘 만들어 놓은 것이다. 장치 안으로는 어떻게 들어가고 나올 때는 어떻게 나올 수 있는가. 또 폐쇄된 공간에는 어떠한 규약이 진행되고 있으며 그 안에서는 어떻게 잘 살 수 있는가. 여기서 이 장치들에 구멍을 내고 틈을 내서, 경계를 해체시키는 상징들을 새롭게 만들어 내는 것이 중요하다. 예를 들어 '천민자본주의'라는 단어에도 이미 상징, 그에 걸맞은 규약과 배치가 있지만, 그것을 벗어나 새로운 생명과 평화가 흐르고 공동체적인 경제를 하려면 여기에 구멍을 내고 탈출해서 새로운 상징을 만들어야 한다. 이때 '어떻게 더 가치 있게 만들까? 모든 사람들이 생명을 품고 살도록 언약관계를 만들어 낼 수 있는가? 새로운 룰을 어떻게 만들까?'와 같은 고민이 필요하다. 문제의 초점은 부분이나 개체라기보다는 공동체 전체에 규약되어 흐르고 있는 상징들의 배열이다. 이 상징의 집을 지탱하고 있는 구조는 무얼까? 이 종교를 지탱하고 있는 것은 무얼까? 이 학교와 사회를 지탱하고 있는 룰은 무엇이고 우리는 어떤 역할을 하고 있을까?

변용 능력으로 생성되는 집

집은 또한 변용 능력의 관계와 그 관계로 만들어지는 공간들이다. 장형윤 감독의 <무림일검의 사생활>[2]이라는 애니메이션의 주인공은 '진영영'이라는 무사다. 그는 강호에서 무림 제일검이라고 불렸는데 어렸을 때부터 검술을 연마해 왔다. 싸워 이기기 위해 검술을 배웠고 다른 무사를 죽여 일등을 계속해야 고수가 될 수 있기에 진영영은 아무도 믿지 않았다. 사실 면역학적 패러다임에서 성과 사회의 주체가 되기 위해서는 그래야만 하는 것이다. 그는 점차 아무도 믿지 않으면서 감정을 절제하는 법을 배웠다. 그래야 영웅이 되고 제일의 무사가 되니까.

그리스 신화의 신들은 모두 인간 한계를 넘어서는 전능성과 불변성의 상징성을 고수하는 이들이다. 신들의 대표격인 제우스는 죽지 않고 마음만 먹으면 무엇이든 할 수 있고 강하고 다른 어떤 것에 감정적으로 영향을 받지 않는다. 그는 빈틈없고 기민하고 바위같이 굳건하다. 진영영이 무사의 역할을 할 때도 그는 이러한 전능과 불변성을 대표한다. 이 무사의 삶을 대변하는 상징의 배열은 최고의 무사가 되기 위해 언제나 이겨야만

---

2   장현윤 감독, <무림일검의 사생활>, 제작년도 2007년 / 29분 50초 / 35mm dolby 5.1ch 2007 문화콘텐츠진흥원 지원작으로 제작된 이 에니메이션은 상영 이후 2007 인디애니페스트 개막작, 2007 서울독립영화제 KT&G 우수작품상 수상, 2008 서울국제만화애니메이션페스티벌(SICAF) 우수상을 수상하는 등 각종 영화제와 포럼에서 주목을 받았다.

한다는 것이고, 남을 죽이지 않으면 자기가 죽는다는 것이다. 그는 그러한 닫힌 세계의 필연의 법칙에서 살고 있다. 최고로 강한 사람이 되는 것, 절대로 죽지 않는 강철 같은 사람이 되는 것이 그의 목적이다. 이 무사가 싸우다가 죽음을 맞는 날, 그는 죽어가면서 생각한다. 다시 태어난다면 절대로 부서지지 않는 강철로 된 몸으로 태어나고 싶다고 말이다. 그리고 그는 다른 세계에서 두 번째 삶을 맞이한다. 그리고 무림 고수의 세계에서처럼 새로운 패러다임과 배열들 안에서 또 하나의 집이 형성된다. 우스꽝스럽고도 웃음을 짓게 하는 변용된 집은 '자판기'다. 자판기는 강철이지만 그러나 무림 고수의 살생 이미지와는 전혀 다른 우스꽝스러운 이미지의 집이다.

구조주의 이후의 집은 이제 고형적인 건축물을 넘어 룰이라는 중요한 화두를 안고 있다. 예를 들어, 야구 경기를 하러 가면 야구 선수라는 요소가 있고 공, 방망이, 포수, 심판, 야구장도 있다. 그리고 가끔은 홈런을 치는 선수들도 나와야 계속해서 유지가 되며 흥미를 불러일으킨다. 가만히 생각해 보면 야구를 좋아하는 사람들은 자신이 야구 선수나 팀을 좋아한다고 생각할 수 있지만 사실 그 하나하나의 요소들은 대체 가능하다. 방망이가 부러져도 다른 방망이로 경기를 할 수 있고 굉장히 잘

하는 선수가 탈퇴를 해도 다른 사람이 와서 경기를 하면 된다. 야구라는 세계가 계속 있게 하는 가장 중요한 뼈대는 룰이다. 무언가가 리얼하게 현상적으로 존재하면 우리는 거기에 생각과 이미지를 부여한다. 그리고 그것과 관계를 맺어 가면서부터 독특하고 새로운 것이 생겨난다. 무사로서 살았던 진영영의 삶에도 역시 필연적인 패러다임과 룰이 있었다. 이 룰은 배열을 갖고 있는데 그가 죽고 나서 맞이한 두 번째 삶에서 새롭게 재구성되고 변용되었다. 보이지 않는 룰이 집인 것이다.

　강철로 된 몸을 갖고 싶어했던 무사 진영영은 자판기로 다시 서울에 태어난다. 그의 삶에서는 전혀 다른 시공간이 서로 만나고 있다. 그의 두 가지 삶에는 어떤 차이가 있고 무엇이 계속 반복되고 있을까? 일단, 사람이 아닌 자판기의 몸으로 산다는 것에 차이가 있다. 그리고 강철처럼 강하고 싶다는 바람은 강철 무사의 패러다임에 이어 반복된다. 바로 이 갈망이 중간 매개체 역할을 하고 있다. 진영영은 자판기의 몸을 갖고 있지만 변신 버튼을 누르면 곧 사람으로 변신한다. 즉, 변용 능력이 있다. 우리 또한 우리의 삶에서 변신의 영역이 어디인지 잘 찾아보아야 한다. 우리가 어떤 순간, 전혀 다른 것이 내 삶에 새롭게 왔을 때 우리는 새롭게 변신 가능한 능력을 갖게 된다.

변용 능력을 발휘하는 공간인 문 또한 중요하다. 두 번째 삶의 공간은 현대의 서울인데 비해, 첫 번째 삶의 공간에는 옛날 무사들이 산다. 옛날 무사들이 현대로 올 때는 문으로 작동하는 틈의 공간들이 있다. 이 틈은 옛 시간과 지금의 시간이 섞이는 문턱의 시간이며 공간이다. 그 문 속에서 과거의 자객들이 찾아오면 진영영은 싸워야 한다. 자객들이 찾아올 때는 대체로 공간이 어둡고 진영영이 검을 소환하면 검은 땅과 건물을 뚫고 나타난다. 진영영은 말한다. "나는 억조창생을 구하는 영계의 주인. 하늘과 바람과 별과 일원신의 오래된 계약으로 명하노니 바람과 같이 어둠을 가르는 빛의 검이여!"하고 말이다. 이렇게 주문을 외우면 검이 나타난다.

또 다른 주인공은 '혜미'이다. 새로운 패러다임의 배열을 새롭게 하는 것은 늘 우발적으로 마주치는 두근거리는 타자다. 애니메이션 전체에서 기폭제 역할을 하면서 진영영을 변신하게 하는 것이 바로 혜미와의 관계이다. 즉, 혜미와 진영영이 나누는 순수 감성이 중요한 에너지이다. 이 감성을 통해서 문이 계속 열리고 또 새로운 차원으로 계속 바뀐다. 어느 날, 혜미가 술에 취해 비틀거리며 걸어올 때 진영영과 혜미는 딱 마주친다. 이 마주침의 공간에서 혜미는 무언가 다른 것을 느낀다. 왜냐하면

손발이 달린 자판기가 길 한가운데 서 있었기 때문이다. 혜미는 손발이 달려있는 자판기가 기괴하게 생각되어야 할 텐데 술이 취한 상태라 의식이 명증하지 못한 관계로 이 괴이함을 알아차리지 못한다. 결국 이러한 새로운 마주침의 배열에서는 낯선 차이에 대한 망각이 가장 중요할지도 모른다. 괴기스럽게 나타난 이 차이를 혜미는 술에 취해서 바라본다. 혜미는 술에 취하면 동정심이 막 솟아나기에 자판기를 불쌍히 여기고 리어카에 실어 끌고 간다.

혜미는 이제 집에 자판기를 놓아둔다. 자판기는 혜미가 잠을 자거나 밖에 나가면 슬금슬금 나가서 고양이들한테 맛있는 먹이를 준다. 혜미가 일을 하러 간 후 자판기가 양동이를 들고 나와서 길고양이들한테 먹이를 주는 장면이 있다. 이렇게 이미지와 감성을 건드리는 부분들은 마주침을 가속화시키기도 하고 이전의 패러다임과 온전히 결별하는 요인이 되기도 하고 그 다음 장면으로 전환하게 하는 역할을 감당하기도 한다. 진영영은 "혜미를 만난 이후로 이상하게 동물이 좋아진다. 강호에서 누군가에게 애정을 갖는 것은 위험한 일인데…." 하고 중얼거린다. 무사의 삶에 나타난 혜미는 이전의 패러다임과 결별하는 두려움과 낯섦의 고통을 유발하기도 하고 다른 한편으로 그 고통을 이기고도 남은 기쁨의 잉여를 창출하는 인물이기도 하다. 어느 날 진영영이 자판기의 모습으로 공원에서 책을 읽자 자판기를 찾아다니던 혜미가 그를 발견하고 '얘가 진짜로 내가 알던 자판기가 맞나?'하면서 꼬집어본다. 그리고 자판기를 줄로 묶어 또 집에 같이 간다.

이 애니메이션에서 인물들이 반복적으로 '돌아가는' 공간은 혜미의 집이다. 돌아가는 중심 공간이 있다는 것은 매우 중요하다. 성장하는 과정이나 삶의 여정 속에서도 내가 돌아가는 집이 어디인지가 중요하다. 이런 저런 이동과 상처와 고통 속에서도 결국 내가 돌아가는 곳이 하나의 기준점으로 작동한다. 그 집은 무조건적 사랑을 가능하게 만든 망각의 장소이고, 아무 것도 탓하지 않으면서 끌어안는 인간미가 살아있는 고향이기도 하다. 혜미는 자판기에게 "왜 가출했니?"라고 물으며 자판기를 집으로 데려간다. 집으로 데려가는 중에 과거의 무사였던 얼룩말을 만나는데 여기서 공간이 또 새롭게 열린다. 틈이 열릴 때마다 검이 등장하고, 무사들이 싸움을 하면서 경계가 해제된다. 경계 해제는 집의 개념에서 매우 중요하다. 경계가 해제되는지의 여부와 문이 열리는 곳을 살펴보면 정주형 집인지 혹은 노마드형 집인지 알 수 있다.

<무림일검의 사생활>의 공간에는 무사들의 집과 현대의 집이 콜라주처럼 결합되어 있다. 이 시공간들이 계속 반복되면서 차이를 담은 다양한 형태가 나타난다. 진영영의 몸 또한 자판기, 무사, 청년 세 가지로 변형된다. 변형은 이주와 밀접한 연관이 있다. 진영영이 결투 장면에서 우산을 들었더니 차가 박살나고 얼룩말로 변형된 무사가 죽는다. 그러자 혜미는 "이상하다, 너 도대체 정체가 뭐냐!" 하면서 진영영을 바라본다. 그런데 그때 진영영의 배에서 커피가 나온다. 진영영은 원래 사람으로는 오래 있지 못하는데 혜미와 있는 동안 자판기가 아닌 사람으로 변해있는 시간이 점점 길어졌던 것이다. 강호의 공간에서 무사로 살던 시간, 살육이 필연이었던 공간, 죽이지 않으면 죽었던 세계에서 빠져나와 자판기로 다시 태어났는데, 자판기에서 인간으로 변형된 시간이 점점 길어지자 나중에는 인간의 몸인데 커피가 나온다. 이렇게 시간의 길이가 변화하는 것은 중요한 메타포이다. 혜미와 같이 있는 장소, 혜미와의 만남은 기존의 영토에서 탈영토화하여 새로운 대지를 생성하는 집이다.

겨울이 오자 진영영은 점점 더 사람으로 있는 시간이 많아지며 혜미와 손을 잡고 거리를 걷는다. 그리고 어느 날, 진영영의 집에서 혜미와 입맞춤을 하자 진영영의 몸은 갑자기 자판기로

변한다. 그는 부끄러워서 창문을 열고 날아가는데 이는 순전한 사랑이 생성된 것을 보여준다. 들뢰즈는 새로운 대지에서의 생성은 '소녀 되기'와 연관이 있다고 말한다. '소녀 되기'는 자신이 살면서 정치적, 국가적인 것에 한 번도 포획되지 않았던 감정과 같다. 진영영이 수줍음을 느끼는 그 순간이 바로 소녀 되기의 순간이다.

그 다음 날 진영영은 '나는 전에는 늘 혼자였다. 그리고 무림의 고수이자 자판기인 나는 수입도 별로 없는데다가 적도 많다. 혜미와의 관계가 더 깊어지기 전에 마지막으로 빨래와 밥을 해놓고 그녀의 곁을 떠나야겠다.'라고 생각한다. 강호 세계의 패러다임에서는 감정을 억제해야 했고 최고가 되어야만 했다. 자기 목숨과 직결되었기 때문에 그때는 일상의 아주 작은 순간들을 누릴 수 없었다. 그런데 지금의 삶은 변형되어 자판기가 됐지만 혜미를 만나 사랑하고 삶에 새로운 생명의 욕동을 일으키고 있다. 그래서 진영영은 밥을 하려고 당근 앞에 선다. 그리고 당근을 썰기 위해 검을 소환한다. 살육을 일삼던 그 칼로 이제는 혜미를 위해 당근을 썬다. 두 개의 역설 가운데서 변화의 지점들은 웃음의 축제를 벌인다. 사람을 죽이던 칼로 이제 사랑하는 사람을 위해 당근을 써는 이 장면은 유머스러운 하나의 전환으로, 진영영이 새로운 패러다임의 주체로 변환되는 계기를 일으킨다.

이 즈음 진영영은 또 옛 친구를 만난다. 그 친구는 진영영을 죽이기 위해 고수들이 오고 있다고 전한다. 곧 붉은 목도리를 한 북극곰이 나타났는데 진영영은 자판기로 변해 있어 불리한 상황에 처한다. 옛날처럼 잔인하고 감정을 절제할 수 있는 상태였다면 자판기로 변하지 않고 검객의 모습으로 망설임 없이 상대를 죽였겠지만 지금 진영영은 과거의 그가 아니다. 변화가 일어난 것이다. 진영영은 남을 죽이기 보다 싸움에서 지고 상처를 입는 방식을 택한다. 이제 그는 강호 세계에서 살기에는 부적합한 사람이 된 것이다. 그런데 싸움에서 이긴 곰은 진영영의 몸에서 커피를 뽑아 마시고 다른 곰들도 이 맛있는 냄새를 맡고 와서 다 같이 둘러 앉아 커피를 마신다. 혜미는 다친 자판기에 반창고도 붙여주고 생수도 주며 그를 돌본다. 그리고 마지막 장면에서 둘은 공무원 준비라도 하자고 이야기한다. 그렇게 강호 세계의 고수였던 진영영은 혜미와 일상을 살게 된다.

여기서 중요한 특징은 일상의 틈이다. 결국은 수백 년 전 강호 세계에서 살고 있던 킬러이자 고수가 현대의 삶에서 아주 잔잔한 일상의 집으로 들어왔다. 일상의 세계 속에서 열린 문들을 통해 소통하고, 함께 교류하고, 또 변용 능력을 발휘해 가면서 결국 사람으로 일상에 자리하게 되었다. 이 과정 전체가 하나의 고향이며 집으로 귀환하는 과정이다. 여기서의 고향은 결국 혜미와 연관된 장소이다. 이 장소가 진영영이 돌아갈 집이다. 그래서 전체에 흐르고 있는 두 가지 대비인 냉정함, 전능함, 힘, 성과, 일등의 세계, 그리고 일상의 틈을 통해 새롭게 변화하는 감성, 변형, 경계의 허물어짐이 서로 콜라주가 된다. 또한 옛날의 삶과 새로운 삶 두 가지가 양가적으로 있는 시공간도 틈틈이 등장한다. 그래서 이 애니메이션은 집으로 가기 위한 양가적 여정, 기쁨과 고통의 교차, 타자의 차이와 융합의 순간순간을 잘 보여주고 있다고 할 수 있다.

탈경계와 재영토화의 집

집으로 돌아가는 문제는 결국 우리가 어디로 향할 것인가의 문제이자 언제, 어디로 정주할 것인가의 문제이다. 그것을 종교적인 관점에서는 우리가 돌아가야 할 영원한 존재의 집이라고도 할 수 있다. 이 존재의 집은 우리 삶에서 경계가 허물어지는 틈마다 들어와 생성의 삶을 살게 한다. 정주와 이주의 문제는 새로운 집, 새로운 고향, 새로운 귀환을 위한 과정, 들뢰즈의 용어를 빌리자면 탈영토화와 재영토화의 과정과 연결되어 있다.

노마드의 집은 획일화된 관습과 이성 중심의 서사 체계가 아닌 틈새와 감성, 이항과 이분을 넘어서는 탈경계의 이야기다. 관습은 틀이 있고 획일화되어 있으며 고형적인 집의 형태를 가지고 있다. 그래서 폐쇄성이 생기고 동일성이 더 심해지면 억압이 된다. 한편, 문은 하나의 틈새로서 이 문을 경계로 다른 차원이 열린다. 강호 세계의 고수 진영영은 감정을 억제하는 방법을 배웠고 바라는 목표만을 향해 흐르는 시간 속에서 살고 있었는데 감성은 그 시간을 넘어서는 새로운 촉발점으로 작동한다. 들뢰즈에 따르면 노마드는 이항과 이분을 넘어서는 탈경계의 이야기다. 경계가 계속 무너지면서 대립되어 보이는 두 개가 함께 융합되는 방식을 취하고 있다. 즉, 자유롭게 탈주하며 변화를 생성해내는 에너지이자 감수성을 노마드라 할 수 있다.

무사 진영영은 자판기로 새롭게 태어나면서 결국 혜미와 정상적인 한 인간으로 일상에 자리 잡는다. 잠재성이란 실제로 이루어질 수 있는 가능성을 품고 있는 것이다. 그리고 그 잠재성은 계속 상상과 감성의 도움을 받아 그 이전 세계의 배열을 벗어나게끔 하는 요소가 되고 있다. <무림일검의 사생활>에서는 갑자기 무사들이 와서 죽이려고 한다던가 검이 나타나면서 일상에서 균열이 일어나는데 우리의 삶에서도 마찬가지다. 균열이 일어날 때 그것을 부정적으로만 보지 않아도 된다. 균열은 있음의 세계에 무의 계기를 만들어 내지만 사실 그것은 우리의 고향집을 소환하는 계기다. 우리는 기억으로 된 집에서 살고 있다. 그 집은 우리의 몸과 마음, 삶 전체를 담고 있다. 수많은 것들이 서로 연계를 맺으면서 하나의 가족 개념으로 있듯이 과거의 시간들과 기억들도 하나의 공간을 차지하며 집과 같은 의미를 갖고 있다.

그런데 이 기억의 공간이 폐쇄되어 있으면 죽은 것과 다름없다. 강철처럼 되고 싶어 했던 진영영이 자판기로 다시 태어난 것처럼 우리는 과거의 큰 갈망들과 결합되어 있는 형태로 새로운 현재에 존재한다. 그리고 여전히 우리 기억의 집에는 과거의 배열들이 그대로 있다. 그래서 삶을 가만히 보면 과거가 현재이기도 하고 그 현재는 미래를 향해 있기도 하다. 진영영이 손과 발이 달리고 또 변형하는 자판기이자 무사로 살듯 양가적 시기를 지나가면 옛 패러다임에 대한 동일성과 중심성에 균열이 간다. 과거의 고통은 우리의 기억 공간에 그대로 있기 때문에 그 고통을 끄집어내서 새로운 시간의 틈을 만들어야 한다.

우리는 때로 사랑하는 사람과 일 앞에서 자기 자신은 아무

것도 할 수 없을 것이라고 고민한다. 만일 진영영이 "나는 예전에 언제나 혼자였고 남들은 나를 죽이려고 했어. 난 행복 자체를 꿈꿀 수 없어."라고 한다면 폐쇄성의 시공간 안에 갇혀있는 것이다. 그래서 종교는 폐쇄적일 수 있는 시공간에 균열을 내서 잠재성이 드러나는 문턱이 되어야 한다. 혜미처럼 균열을 내는 역할을 해야 하고 술 취한 것처럼 차이에 대해 이상하게 여기지 않으며 아무렇지 않게 포용할 수 있어야 한다. 동일성의 틀에 넣어 판단하고 정죄하거나 배제하지 않는 한, 그 차이들은 마주침을 통해 항상 새로운 것으로 온다. 그리고 차이가 새로운 것으로 작동할 수 있도록 차이를 포획해서 하나의 기호로 만들지 않아야 한다. 이렇게 생성을 일으키는 마주침은 농담의 축제로 우리를 끌어들이고 양가적인 시공간에 걸쳐 있던 것들이 점점 새로운 미래로 변화한다. 이것이 옛 것에서의 탈영토화이다. 즉, 장치 속에 포함되어 있었던 영토로부터 이탈하여 새로운 영토로 재영토화하는 과정이다. 그리고 경계의 지점에는 영토화되지 않은 대지가 형성되고 그 영역에서 새로운 감정이 생겨난다.

혜미는 강호의 세계를 살고 있던 진영영을 구원하는 하나의 상징적 인물이다. 손과 발을 가진 자판기는 기괴해 보일 수 있지만 혜미는 그 기괴한 차이를 두려워하지 않고 연민의 눈으로 바라본다. 그래서 정착민인 혜미의 집으로 진영영이 들어온다. 이처럼 아주 순전한 '기관 없는 몸'이 일어날 수 있는 영역은 존재적 공간이다. 이제 혜미와 진영영은 서로를 집으로 초대하며 물리적 시공간의 경계를 넘나드는 노마드적 탈영토화를 경험한다. 무사의 세계에서는 결투에서의 승리 이외에 다른 것은 꿈꿀 수 없는 것처럼 우리 사회에서도 개천에서 용이 나는 일이나 패자부활전을 거의 볼 수 없다. 예를 들면, 어렸을 때부터 돈을 많이 들여 과외를 해야만 그것이 계속 이어져서 좋은 직장에 들어가는 것들이 마치 필연처럼 작동하는 악순환 구조에 속해 있다. 그러나 현재의 삶 속에서 죽음과 어둠의 시공간들이 있다면 타임 리프팅을 하고 벽을 깨부숴서 새로운 것들이 들어오게 하자. 죽음과 어둠을 통해 탈영토화가 되기 때문에 우리의 삶에 있는 고통이나 어려움, 기괴함과의 마주침은 새로운 차원을 마주칠 수 있는 계기이다. 여기에 '재영토화', 즉 변용 능력이 함께 있어서 진영영처럼 무사, 사람, 자판기로 변용할 수 있고 시간 여행도 가능하다.

시간 여행은 복잡한 철학 이야기 같지만 종교적인 메타포[3]를 지니고 있다. 종교는 시간과 공간의 틈에 자기동일성과 자기중심성을 뚫고 변용 능력을 만들어낼 수 있도록 환대하고 차이를 포용하는 힘이다. 변용 능력은 폐쇄된 공간 안에 갇혀 있는 한 일어나지 않는다. 마치 <무림일검의 사생활>에서 탈경계가 일어나는 공간이 서울 한복판인 것처럼 말이다. 무사들이 서울이라는 공간에 침입하여 시공간의 접속면들이 한꺼번에 부딪히면서 콜라주 형태로 연결된다. 무술, 자객이 검은 과거의 시간에 속해 있는 반면 자판기, 버스, MP3 플레이어는 현대의 시간에 속해 있다. 그런데 자판기, 버스, MP3 플레이어는 평범하고 일상적인 사물이다. 새로운 차원의 접속은 특이하고 기적 같은 환경에서만 접속되는 것이 아니라 일상 속에서 일어난다. 경계가 해제되는 그곳에는 새로운 힘, 새로운 생성, 새로운 창조가 나타나고 이러한 접속 공간을 만들어내는 것이 장치에서 벗어

---

3 메타포(metaphor) / 그리스어 metaphora에서 나온 것으로 '넘어서'라는 meta와 '옮기다'라는 뜻의 phora가 결합하여 이 개념을 옮겨서 새로운 의미로 결합한다는 것이다. 개념으로는 전달할 수 없는 감춰진 의미를 전하기 위하여 유사한 특성을 가진 사물에 빗대어 표현하는 은유의 방식이다. 메타포가 성립되려면 비교대상이 다른 범주에 있어야 하고 연관성과 함께 의외의 긴장도 포함해야 한다. 직유가 'A(원관념)는 B(보조관념)와 같다'의 형식으로 비교하는 대상이 분명하다면 메타포는 형태나 기능의 유사성을 근거로 의미를 바꾸어 다양한 창조적 해석을 불러일으킨다.

나는 탈영토화이다. 진영영이 혜미와 보낸 만남의 시간과 공간들은 새로운 대지를 마련하는 접속면 역할을 한다.

몸의 변용 능력은 차이를 보는 관점과 감수성을 통해 잠재성으로 실현된다. <무림일검의 사생활>에서 자판기는 옛날 강호 세계에서 주름잡던 무사의 간절한 갈망이 변형되어 나타난 몸이다. 혜미는 이상한 형태의 자판기를 보고도 배제하지 않고 연민의 마음을 갖는다. 일단 자기 자신이 갖고 있던 생각이나 감정을 실어서 보지 않고 있는 그대로 보는데 여기에 감수성과 연민이 있다. 타자를 보는 법과 사랑의 감수성은 밀접하게 연관되어 있다. 마찬가지로 종교에서도 감수성과 연민이 있어야 타자에게서 새로운 가능성과 잠재성을 실현할 수 있다. 우리는 생태적으로 낯선 것을 싫어하고 자신이 익히 알고 있거나 자신과 동일한 특성을 보이는 것에 관심이 생기고 안정감을 느낀다. 그러나 낯설음이야말로 새로운 생성을 일으키는 요소이다.

원시 종교에서도 신접이 일어날 때 원형적인 생성이 일어나게 하는 중요한 요소는 낯섬, 경이로움, 기괴함이었다. 이 시대의 낯섦은 어떤 형태로 다가올까? 그곳에 연민이나 황홀경이나 사랑은 어떻게 실릴까? 차이들은 낯섦을 눈감게 하는 어떤 요소로 인해 명증한 인식 너머를 보게 하며 탈주성을 일으킨다. 즉,

차이는 탈영토화의 새로운 길이다. 그래서 우리가 새로운 형태의 몸, 새로운 집, 새로운 고향을 우리의 시간과 공간 속에서 만들어 내려면 이러한 차이를 보는 무지의 지를 일깨워야 한다. 감수성, 예민함, 연민, 생명을 보는 눈을 가지면 기괴한 차이와의 만남 속에서 우리의 인식을 넘어서는 경험을 할 수 있다.

'소녀 되기'는 중요한 잠재력이 발현되는 요소이다. 우리의 삶과 재능에도 마치 소녀처럼 한 번도 국가적인 장치에 걸려들지 않은 영역이 있다. 즉, '각인 전의 몸이며 탈주선line of fight'이다. 예를 들어, 어렸을 때부터 '너는 모두가 살아가는 방식으로 열심히 경쟁해서 이렇게 되어라.'라는 말을 들었다면 그는 이미 영토화된 땅에 있는 것이다. 장치에 복속된 땅이다. 그러나 그렇지 않은 영역들이 있다. 순전한 생성이 일어날 수 있는 영역들이 있는데 그곳은 고정되어 있지 않고 늘 어디론가 이동 중이며 과거가 아니라 미래를 생성하는 현재로서 생성하는 집이다.

<무림일검의 사생활>에서 혜미가 자판기 안에 꽃을 넣었더니 나비들이 자판기에 날아드는 장면이 있다. 자판기는 강철로 되어있기 때문에 원래 생명이 날아들지 않는다. 그런데 나비와 벌

이 날아들자 자판기는 가만히 들판에 누워 꽃, 나비, 벌들과 시간을 보낸다. 그리고 결국 그는 살육을 위해서 쓰던 검을 혜미를 위한 사랑의 식탁에서 쓴다. 이처럼 반담론 전략과 농담은 세상을 변혁시키고 시선을 바꾼다. 그리고 삶을 왜곡시키는 것들로부터 인간을 해방시킨다. 검으로 싸우고 죽여야 일등이 되는 담론을 확 가로질러서 진영영이 검으로 당근을 썰 때, 약간의 유머와 함께 새로운 생명의 축제가 열리고 그동안 살아왔던 삶에 대한 시선이 변한다. 인간을 해방시키는 힘은 삶을 왜곡시키는 모든 것들을 횡단하는 것에 있다. 횡단하기는 정반대의 것으로 왜곡된 그 전의 것들을 확 들어내면서 마치 재밌는 농담처럼 만드는 힘이다.

진영영은 강호 세계에서 일등을 함으로써 강호 세계를 강화시킨다. 이렇게 한 세계의 룰을 따르는 동안 그 룰은 필연적이며 점점 강화된다. 그렇다면 새로운 생성의 룰이 나오기 위해서는 우리가 그 이전의 룰에 대해 죽어야 하는데 그것이 그리 쉬운 일은 아니다. 새로운 룰을 만들고자 해도 이전의 룰이 기억의 공간 속에 있기 때문이다. 그래서 양가적인 과정을 거쳐야 한다. 탈영토화하고 재영토화하는 과정, 양가적 경계가 만나는 전환과정이 필요하다. 예를 들어 그 이전에 살았던 패러다임은 하나의 집처럼 우리 자신보다 훨씬 크다. 그것은 우리의 아버지, 어머니가 살아왔던 방식이기도 하고 지금까지 사회적 조건화를 겪으면서 형성된 규약이기도 하다. 즉, 피로사회나 성과중심의 사회, 경쟁사회 안에서 만들어낸 룰이 우리 자신에게는 이전의 집인 셈이다. 그러나 새로운 집을 선택할 때는 '노마드 주체로서' 결정해야 한다. 노마드는 끊임없는 선택이자 이동이다. 이동하는 가운데 나의 집을 만들어야 한다. 움직이면서도 자신이 머물 수 있는 집을 갖고 있어야 하고 끊임없이 문을 열어서 사람들을 환대하고 받아들이고 소통해야 한다. 가끔 과거 집의 시간들이 우리의 마음이나 현실을 괴롭게 만들 때마다, 다시 현실에 뿌리박은 생명의 감성, 감수성, 차이, 약자, 소외를 내 삶에서 품어내면서 새로운 룰을, 새로운 집을 만들어야 한다.

아이온, 생명의 집

러시아의 수사 안드레이 류블레프Andrej Rublёv가 그린 <삼위일체>라는 그림[4]은 삼위일체가 살고 있는 시간과 공간을 이콘학

---

4   <삼위일체> / 안드레이 류블레프, 1411년경, 모스크바 트레챠코프 미술관 소장

의 원리에 맞추어 잘 표현한 작품이다. 당시 이콘에서는 하나님, 천사, 혹은 성스러운 사람들 주변에 둥그런 빛을 표현했는데 이 그림의 성 삼위일체도 둥그런 빛으로 둘러싸여 있다. 또 이 그림에서 성부, 성자, 성령은 원형의 탁자를 가운데에 두고 앉아 있다. 이는 하나님의 집이 가진 중요한 특징 중 하나가 원이라는 것을 보여준다. 원은 계속 순환하는 것 같으면서 갇히지 않고 무언가를 생산한다. 원탁을 둘러싼 성부, 성자, 성령 또한 계속 순환하면서도 서로 갇히지 않고 생성하는 관계이다. 원탁 가운데는 생명의 빵이 놓여 있는데 이는 서로 소통하는 상징체계와 룰을 의미한다. 이 빵은 부드러우며 생명을 살리는 삼위의 존재이유를 나타낸다.

<무림일검의 사생활>에서 강호 세계를 나온 무사는 처음에는 남을 죽이기 위해 절대 부서지지 않을 강철같은 몸을 갖고 싶다고 말하지만 시간이 지나면서 점점 생명이 지니고 있는 부드러운 속성과 가까운 말을 한다. '나는 예전에는 전혀 그렇지 않았는데, 이상하게 살아 있는 동물들이 좋아.' 류블레프의 그림에도 신성의 교류 한가운데 생명의 빵이 가운데 놓여있다. 생명의 언어체계를 만드는 상징 자체가 구조적으로 중심에 있다는 의미이다. 그래서 성 삼위일체의 관계, 즉 사랑으로 연합

된 합일의 관계가 이루는 사랑의 집에는 언제나 생명의 빵이 있다. 생명의 빵이 있는 시간은 언제나 부드럽고 말랑말랑하다. 생명의 시간에서 고정되고 딱딱한 시간이란 없다.

> 아이온αιων은 추상적인 순간의 무한한 분할 내에서의 과거-미래이며, 언제까지나 현재를 피해가면서 끊임없이 두 방향으로 동시에 분해한다.
>
> - 질 들뢰즈, 『의미의 논리』[5]

아이온의 시간은 상태being가 아니라 과정becomimg이고, 고정된 상황이 아니라 끊임없이 꿈틀대며 사건의 생성 속에서 운동하는 시간이다. 창조와 구원과 해방, 성장으로 흐르는 지속적인 생성의 시간은 삼위일체의 가장 중심에 서 있다. 시간이 고정된 현재로 흐르는 것을 끊임없이 경계하면서 과거와 미래로 끊임없이 열어놓는 시간, 그것이 아이온의 시간이다. 직선적 시간의 중력을 가로지르며 영원히 이 순간에 빠져들고 싶은 희열의 시간, 사랑에 빠지거나 황홀한 영감에 집중되거나 지금 이 순간만

---

5   질 들뢰즈, 『의미의 논리』, 이정우 옮김 (서울 : 한길사, 1999), 158쪽.

으로도 너무나 충만한 그래서 시간 자체를 한없이 낯설게 만드는 은총의 시간이다.

삼위일체는 이러한 시간의 황홀경 안에서 원을 그리는 상호순환의 집 안에서 서로 마주보고 있다. 이 중에서 가운데 있는 분은 성자다. 서로는 십자가를 통해서 연결되어 있는데 가장 가운데에 있는 성자를 두 위가 바라보고 있다. 성자는 십자가로 상징되는 자기 부정으로 두 위를 연결하고 성부도 세계를 창조하면서 계속 새로운 생성 운동을 일으킨다. 그것이 가능한 이유는 아이온의 시간을 불러오는 시간의 영이 있기 때문이다. 원탁 밑에 있는 조그만 네모는 세상으로 내려가는 문을 의미하는데 성령이 그 문을 가리키고 있다. 사랑의 집은 이 작은 문을 통해 연결된다. 십자가의 자기 부정성과 경계를 없애 환대를 가능하게 하는 문이라는 기호는 집의 주요 구성요소이고, 기호들은 아이온의 시간이 열리는 접점이 된다.

잃어버린 시간, 다시 말해 시간의 흐름에 존재했던 것들의 소멸, 존재들의 변화에 대해 사유하도록 강요하는 기호들이 있다. 그것은 우리와 친숙했던 사람들을 다시 보게 되는 뜻밖의 계시이다. 시간은 사람들의 얼굴 특성을 변질시키고 다른 특성을 늘리거나 또 무르게 하고 부숴버린다. 시간은 그 자체로는 비가시적이기 때문에 우리 앞에 나타나기 위해 육체들을 찾아다닌다. 그러다가 육체들을 만나기만 하면 어디서든 그들을 붙잡아 그 위에 자신의 환등기를 비춘다.

- 질 들뢰즈, 『프루스트와 기호들』[6]

아이온의 시간은 니체가 근대적 자아의 죽음, 즉 신의 죽음을 선언한 이후, 영원과 접촉하는 지점을 잃어버리고 텅 빈 시간 속에서 헤매는 인간을 치유한다. 이 계기는 크로노스의 외연도적이고 계량적인 시간을 벗어나서, 현재만을 고수하지 않으면서 과거와 미래로 무한 뻗어나갈 수 있는 카이로스의 시간이다. 다행히 우리가 이 시간에 도달할 수 있다면 우리는 우리 자신을 찾게 될 것이다. 아이온의 시간은 우리들의 집에 빛을 비추며 잃어버린 시간들을 추억으로 변하게 하고 명료한 의식의 뒤에 숨어있던 무의식의 그림자에 생생한 생명을 불어넣는다. 그것은 무언가 부서진 파편들 속에서 성스러움의 기억을 되찾

---

6 질 들뢰즈, 『프루스트와 기호들』, 서동욱 옮김 (서울 : 민음사, 2004), 43쪽.

게도 하고 치명적인 고통을 응시할 수 있는 힘도 부여하면서 길

들여지지 않은 삶에 생기를 불어넣는 힘이다.

결국 유토피아는 내가 도망쳐 온 것으로부터 시작된다. 다시 어떤 희망을 가지고 힘을 내어 세상 속으로 당차게 걸어가야 할 그 지점에서 시작해야 한다. 그것은 단지 지옥 같은 현실에서 공격당하지 않는 무엇이 아니라 끝내 그 현실과 타자와 접속하고 연결하기 위한 담론이 되어야 할 테니까 말이다. 온통 디스토피아의 장치가 그물망처럼 짜인 덫에 빈 구멍을 내어 그 속에서 낙원을 만드는 법이 필요하다.

8

영원의 유토피아, 신 없이 신과 함께

오늘도
신비의 샘인 하루를 맞는다

이 하루는 저 강물의 한 방울이
어느 산골짝 옹달샘에 이어져 있고
아득한 푸른 바다에 이어져 있듯
과거와 미래와 현재가 하나다

이렇듯
나의 오늘은 영원 속에 이어져
바로 시방 나는 그 영원을 살고 있다

그래서 나는 죽고나서부터가 아니라
오늘서부터 영원을 살아야 하고
영원에 합당한 삶을 살아야 한다

- 구상, 「오늘」

유토피아에 대해 논의하는 여러 담론들이 있다. 익숙한 예를 들자면 '천년 왕국'이 대표적이다. 천년 왕국의 특징이란 메시아가 도래해서 전혀 새로운 세계를 이 땅에 펼치는 것이다. 이 담론에는 메시아라는 완전히 다른 세계의 타자를 필요로 한다는 특징이 있다. 또한 '아카디아arcadia'라는 유토피아 담론도 있는데 이것은 평화롭고 목가적인 삶을 꿈꾸고 있다. 이 담론은 황폐하고 고달픈 현실에서 벗어나 목가적인 삶을 살 수 있는 세계를 유토피아로 본다는 특징이 있다. 천년 왕국과 아카디아는 모두 유토피아 담론에서 중요한 지점을 내포하고 있다. 천년 왕국이 시사하고 있는 고통의 세계가 끝이 나고 언젠가 새로운 시대가 도래할 것이라는 종말론적인 희망은 분명 유토피아가 포함해야 할 요소이다. 또한 아카디아가 말하는 현실의 허물과 피로를 보상해 줄 목가적인 장소 역시 필요하다. 그러나 이 두 낙원 담론에 현재와 미래, 낙원과 세속, 생명과 죽음에 대한 배제와 선 긋기가 전제되어있다는 것을 주목하자.

두 담론이 차별적 공간과 연결된 것이라면, 시간과 연결하여 바라보면 새로운 시각을 기져올 수 있다. 예수의 말씀처럼, 천국은 '지금' 우리 '안'에 있다. 유토피아가 나의 문제로부터 도망치는 도피처가 아니고 만들어 갈 미래가 '내가 지금 어디에 있는지를 알려주는 영혼의 지도'에서 거리가 멀어지는 것이 아니라면 말이다. 결국 유토피아는 내가 도망쳐 온 것으로부터 시작된다. 다시 어떤 희망을 가지고 힘을 내어 세상 속으로 당차게 걸어가야 할 그 지점에서 시작해야 한다. 그것은 단지 지옥 같은 현실에서 공격당하지 않는 무엇이 아니라 끝내 그 현실과 타자와 접속하고 연결하기 위한 담론이 되어야 할 테니까 말이다. 온통 디스토피아의 장치가 그물망처럼 짜인 덫에 빈 구멍을 내어 그 속에서 낙원을 만드는 법이 필요하다. 유토피아가 지금 우리의 삶의 일부로 느껴질 때, 죽음보다 더한 우리의 삶이 기적처럼 아름다울 수 있다는 것을 깨닫는 순간일 테니까.

유토피아의 계기는 메타노이아

'메타노이아metanoia'는 그런 의미에서 유토피아의 접속면이다. 사실 유토피아란 어떤 죽음의 순간에서도 '구원의 순간들'을 찾으려고 했던 용기에서 출발했는지도 모른다. '메타노이아'는 마음을 돌이키는 순간, '번쩍' 혹은 '아하' 하는 초월과의 만남을 통해 삶의 전환점을 만들어낸 경험이다. 그것은 이전의 완전히 잘못된 삶에서 전환한다는 의미로 '회개悔改'나 '회심悔心'이라고 번역되기도 한다. 그 전환의 돌이킴은 우리가 지금까지 살아왔던 삶과는 전혀 다른 신비의 타자적 시간이 현실 속으로 체험되었을 때 발생한다. 회심 체험이 일어날 때 가장 중요한 지점은 초월성이 한계 있는 현실 속에 침투하여 들어온다는 것이다. 이때 신비는 일상의 형태로 육화되어 꿈꿀 수 없었던 삶을 현실로 만든다. 장치로 가득하고 낚시질로 가득한 세상에서 어떻게 벗어나 유영할 수 있는지, 새로운 시간과 공간을 만들어 낼 지 보여주며 이때 비로소 종교는 신비와 일상의 다리 역할을 하게 된다.

종교가 지칭하는 신비란 현상적으로는 낯설고 합리적이지 않으며 경험적으로도 이해할 수 없는 체험이다. 그것은 일상에서는 아주 드물게 나타나기에 신비의 체험은 흔히 기적이라고 불린다. 그러나 신비란 기적만이 아니라 그것을 잉태하고 있는 십자가에 더 가깝다. 그것은 삶의 가장 기본적인 감각 요소로 구성되어 있다. 독일의 신학자인 오토는 이 감각을 '누미노제'라는 개념으로 풀어나간다. 그는 종교의 원형적인 현상이 사람들에게 양가적 감정을 불러일으킨다고 말한다. 그 양가성이란 한편으로는 굉장히 낯설고 기이하며 두려우면서도, 다른 한편으로는 깊은 친밀감과 익숙함을 주는 것을 뜻한다. 종교가 말하는 신비란 이렇듯 초월적이면서도 동시에 깊은 내재성을 배태하고 있다. 오토는 종교의 속성에 이 양가성 중 어느 하나가 없다면 종교의 성립 조건에 미달이라고 말한다. 예를 들어 어떤 종교가 윤리적이고 도덕적인 가르침과 제도에 대해서만 말한다면 그것은 종교가 아니라 고도의 휴머니즘에 불과하다. 반대로 기적과 주술을 강조한다면 그것은 신비를 가장한 마술에 가깝다.

또한 원시적인 단계에 머물고 있는 종교가 있고, 더 발전하여 삶의 깊은 영역을 깨우치는 단계의 종교가 있다. 원시 종교의 단계에서는 보통 초월성을 극단적으로 강조한다. 이때는 신적인 힘에 대한 공포, 낯섦, 두려움이 지속적으로 나타난다. 원시 종교가 고등 종교로 발전하면 그 안에 초월성을 품고 있으면서도 정의나 사랑과 같은 숭고한 가치의 형태가 발현된다.

이 종교적 신비가 개인의 삶에서 발현될 때, 사람들은 의미의 중심점center of meaning을 경험하는데, 이것이 삶의 '전환점turning point'을 불러 일으킨다. 즉, 이전에는 애써서 의미를 찾아도 이루어지지 않던 것이 타자적으로 중심점이 잡히게 되는 것이다. 사실 우리 자신과 이웃에게 삶의 의미를 발견하게 하고 또 그것을 전해줄 수 있다면 삶은 훨씬 따뜻하고 풍요로울 것이다. 현실이지만 현실이 아닌, 땅에 있지만 전혀 다른 차이의 질이 바뀌는 경험을 분기점으로 하여 인간은 시간을 초월하고 다시 재구성할 수 있는 의미의 중심점을 가지게 된다. 현실을 그대로 그려낸 것이 리얼리즘이 아니듯 현실을 가장 생생하게 만들어 주는 그 중심으로 인해 우리는 자신의 과거와 현재, 미래까지도 재구성할 수 있는 시야를 확보하게 되는 것이다. 아마도 우리는 자신의 삶을 직접적이고 적극적이고 역동적으로 재구성할 수 있을 때, 가장 초월적인 신앙의 형태를 내포하게 되리라.

성서의 인물들은 모두 이 메타노이아의 체험 후에 비로소 채 세상으로 나오지 못했던 잠재된 상상력을 동원하여 통합적인 의미를 만들어내기 시작했다. '믿음의 조상'이라고 불리는 아브라함은 원래 메소포타미아의 갈대아 우르에서 우상을 만드는 사업을 하고 있었다. 이 신비의 순간이 항상 옳음이나 그름을 한정 짓는 잣대를 통해서만 오지 않는다는 것을 염두에 두자. 우상은 그 당시 세계관 속에서 사람들의 욕구를 충족시키는 환상을 만들어주던 것이었다. 우상은 사람들의 욕망을 극대화하고 부추기는 역할을 하지만 우상이 그러한 욕망을 만족시켜 주지 못할 때 그것은 추방된다. 우상을 만드는 욕망과 그것을 부추기는 현실 속에는 한 꺼풀만 벗겨 주면 뜨겁고도 새로운 순례를 떠날 수 있는 용광로가 들어 있다. 아브라함의 안에 내재된 갈망은 대를 이을 자식에 대한 열망이었는데 당시의 세계관에서 자녀가 없다는 것은 자신의 생명을 더 이상 이어나갈수 없다는 선고와도 같은 것이었다. 그러나 마음을 할퀴는 이러한 시간들이야말로 영원을 향해 떠나는 질문 지점이다. 보이는 것, 차마 아직 다 말할 수 없는 것, 숨겨진 시간의 참혹함이야말로 유토피아를 향해 순례의 길을 떠나는 동인이다.

불행인지 다행인지 아브라함이 섬기고 있던 우상이 그의 욕망을 충족시켜 주지 못했다는 것은 자명하다. 그는 그의 내적 갈망을 만족시켜 줄 또 다른 초월적 타자를 강렬하게 원하고 있었다. 야훼는 이 결핍을 통해 삶의 한계를 벗어날 수 있는 가능성을 지닌 타자, 말하자면 갇힌 시간과 공간의 한계를 넘어서서 새로운 가능성을 보여주는 존재로서 등장한다. 결국 유토피아란 역설적이지만 우상에 대한 끊임없는 질문과 의심에서 시작하여 떠나는 용기를 통해 발견된다. 우리가 살아가는 세상이 아름답지 않다는 것을 인정하면서 유토피아는 갈망되고, 그럼에도 불구하고 기어이 이 아름답지 못한 세상 속에서 의미를 발견하려고 용기를 가지는 순간 우리는 영원이 시간 속에 들어오는 것을 경험하는 것이다. 신은 말한다. "내가 너를 저 하늘의 별과 같이 수많은 자손들을 낳게 하겠다._{창세기 15:5}" 이 이야기가 단순히 삼신할머니처럼 자식을 점지해 주겠다는 이야기가 아니라는 것을 주목하자. 그것은 지금 아브라함이 겪고 있는 현실의 한계를 돌파할 수 있는 잠재성에 한 걸음 디딜 수 있는 언약과 연결된 것이다.

이 언약의 조건으로 제시된 것은 이전에 살고 있던 땅을 떠나 새로운 땅으로 향하는 것이었다. 당시에 가문 대대로 살던 땅을 떠난다는 것은 상상도 할 수 없는 이야기였지만 아브라함은 새 일과 새로운 의미를 구성할 수 있는 신뢰할만한 기반을 얻게 되었다. 관습과 경험에 매여서 구획되어있던 삶은 새로운 약속을 중심으로 재배열되기 시작한다. 그 잠재성이란 표면적으로는 불가능해 보이지만 내적으로는 이미 아브라함의 갈망과 연결되어 있다. 아브라함의 강렬한 갈망은 자신의 삶을 돌이켜서 새로운 삶으로 나아갈 수 있게 하는 원동력이었다. 일상의 한계를 넘는 갈망이 초월과 만날 때, 그것은 회심과 삶의 전환을 일으키고 우상의 삶에서 벗어나 삶을 의미 있게 만드는 원동력이 된다.

다윈Charles Robert Darwin은 『인간의 유래』에서 이기심이나 본능이 아닌 높은 의식이 인간 진보에 영향을 미친다고 말한다.[1] 자본의 장치는 인간의 완력이나 이기심, 욕망을 부추기게 하지만, 결국 남을 위해 기꺼이 희생하고 하늘의 뜻을 따르고 공동체를 살려내는 것이 참 인간됨의 선택이다. 사랑과 지혜, 모두를 생각하는 새로운 차원의 삶의 방식이 시간의 한계를 뚫고 찾아올 때 우리는 용기를 가지고 새로운 공간을 찾아 떠나게 될 것이다. 이것은 아브라함이 믿음의 조상이라는 공동체적 속성을 담은 진정한 한 개인이 되는 길과도 연결되어있다. 이 개인화는 개체화가 아니다. 사람들은 군중 속에서 자신을 가리고 집단화된 대중들은 시기와 질투를 도구 삼아 자기가 가질 수 없는 어떤 탁월함이나 고유성을 표준적 기호의 체계 안에 종속시키려는 욕망을 가진다. 남이 잘되는 꼴도, 남이 자기보다 더 우수한 꼴도 볼 수 없다. 수직적이든 수평적이든 이 시기는 신과의 연결을 끊게 만들고 인류 최초의 살인을 가능하게 했던 교묘하고 잔인한 악이었다. 이 시기가 수평적 끌어내림으로 방향을 돌리

---

1 "가장 고등한 유인원과 가장 하등한 미개인 사이에는 엄청난 정신 능력의 차이가 있다. 이를테면 감정, 호기심, 모방, 주의력, 기억, 상상, 이성, 점진적 진보, 사용하는 도구와 무기, 추상적 개념과 자의식, 언어, 미적감각, 하나님에 대한 믿음, 영적인 힘, 미신 등이다." 찰스 다윈, 『인간의 유래 1』, 김관선 옮김 (파주 : 한길사, 2006), 123-166쪽.

면 거짓 동등성과 평안을 조장하고 섬기는 소수에 의해 진보하던 전체는 점차 몰락하게 된다. 어쩌면 회심은 표준화된 패러다임에서 완전히 돌아서는 깨어난 소수의 신적 혁명과도 같다. 그것은 진정한 한 개인이 되는 길이며 동시에 군중이란 의미가 아닌 진정한 단독자들의 공동체를 형성한다.

토마스 쿤 역시 패러다임 전환을 '종교적 개종' 또는 '정치적 혁명'에 비유했다. 물론 여기서 쿤이 뜻하는 패러다임 전환은 과학 세계에 대한 것이다. 그런데 객관적이고 인과적이라고 생각하는 과학 세계조차도 패러다임 전환이 일어날 때는 특이한 현상이 나타난다. 예를 들어 근대 물리학으로 대표되는 뉴턴의 세계에서 아인슈타인이 새로운 패러다임을 제시할 때 이것은 마치 회심의 경험과 비슷한 특징을 갖고 있었다.[2] 과학뿐만 아니라 정치나 경제 등의 분야에서 패러다임 전환이 일어날 때도 마찬가지다. 즉, 패러다임 전환이란 세계를 구성하고 있는 시공간 안에서 유통되고 있는 사고, 관계, 이들이 배치되어 있는 구조와는 전혀 다른 타자성이 일어나는 것이다. 이 특징은 회심에

---

2 "나는 이런 문제들에서는 증명이나 착오가 문제가 되는 것이 아니라고 주장하려고 한다. 한 패러다임으로부터 다른 패러다임으로의 이행은 강제될 수 없는 개종 경험이다." 토마스 쿤, 『과학혁명의 구조』, 홍성욱 옮김 (서울 : 까치글방, 2013), 263쪽.

서 초월성이 현실 속으로 침투하는 현상과 같은 구조이다. 그렇다면 초월이 현실 속으로 도입되었을 때 기존의 현실은 아예 제거되는 것일까? 그렇지 않다. 혁명이 이루어 낸 현실은 기존의 현실을 포함하면서도 그것을 넘어서는 영역과 에너지를 발생시킨다.

그러므로 메타노이아는 단순히 규칙적인 종교생활과는 다르다. 전환된 세계 속에서 벌어지는 일은 마치 유희와도 같다. 그것은 초월적인 타자와의 관계 속에서만 가능한 놀이기도 하고 삶에 자리한 고통들을 유유히 견뎌내며 약속의 땅을 향해 가는 희망이기도 하다. 우리는 더 이상 아무 생각 없이 하루하루 살아가는 여분의 남아도는 존재가 아니다. 세계에 종속되거나 의존하는 존재도 아니다. 초월적 존재를 타자로서 대면한 인간은 자기가 살아가는 삶의 세계 속에서 새로운 힘을 경험하게 되는데, 그 힘은 초자연적 공간 안에 마련된 자기의 본래 정체성을 찾는 동력이다. 가장 강렬하게 회심을 경험한 사람 중 하나인 사도 바울 역시 예수를 만난 후 눈이 3일이나 멀어 버리는 경험을 한다. 눈이 먼다는 것은 바울이 사울이라는 이름으로 살아오던 이전의 모든 삶의 방식과 관계들이 송두리째 눈 뜬 장님과도 같았다는 것을 상징적으로 보여준다. 아나니아에게 안수를 받고 다시 눈을 뜬 사울은 자신 안에 숨어있던 바울이라는 본래성을 발견한다. 이렇듯 종교란 관념적이고 형이상학적인 문제가 아니라 은폐되어있던 자신의 본래성을 찾는 것과 직접적으로 결부된 것이다. 신의 존재는 논리만으로 입증될 수 있는 것이 아니라 부름 받은 이들의 자기 정체성과 현실과 역사, 시대의 과제 앞에서 검증된다. 신은 신적인 방식으로 참 인간다운 길을 모색하는 이들에 의해 증명된다. 그것은 본디 그들이 살아야 했던 삶의 본래적 방식이며 가장 고유하나 공동체적인 무엇이다. 예수의 죽음 이후 그를 따르던 무리들은 대가 끊기고 흩어질 위기에 처하게 되었지만 그의 제자들은 계속해서 성령 안에서 가장 자기다운 삶을 살며 예수의 가르침을 증명했다. 그러한 삶들이 모여 교회가 이루어졌다. 그 교회는 로마 제국을 내부적으로 붕괴시킬 정도로 강력한 생명력이 있었다. 만약 실제로 삶을 변화시키는 패러다임 전환이 교회 공동체 내에서 일어나지 않았다면, 그래서 초대 교회가 자유와 사랑의 정신을 보여주지 못했다면 기독교는 존재할 수 없었으리라. 신의 존재 증명은 관념이 아니라 신적 일상 속에서 일어난다.

그러한 삶은 패러다임 전환, 구심점, 의미화, 관계의 재구성을 포함한다. "나더러 주여 주여 하는 자마다 천국에 들어갈 것이 아니요. 다만 하늘에 계신 내 아버지의 뜻대로 행하는 자라야 들어가리라. 그날에 많은 사람이 나더러 이르되 주여 주여 우리가 주의 이름으로 선지자 노릇을 하며 주의 이름으로 귀신을 쫓아내며 주의 이름으로 많은 권능을 행하지 아니하였나이까 하리니 그때에 내가 그들에게 밝혀 말하되 내가 너희를 도무지 알지 못하니 불법을 행하는 자들아 내게서 떠나가라 하리라._마

_{태복음 7:21~23}"라는 예수의 말은 현실의 삶이 하나님 나라와 직접적으로 연관된 모습을 보여준다.

예수의 이 말은 사도 바울의 고백 속에서 다음과 같이 변주된다. "내가 사람의 방언과 천사의 말을 하지라도 사랑이 없으면 소리 나는 구리와 울리는 꽹과리가 되고 내가 예언하는 능력이 있어 모든 비밀과 모든 지식을 알고 또 산을 옮길 만한 모든 믿음이 있을지라도 사랑이 없으면 내가 아무것도 아니요._{고린도전서} _{13:1~2}" 즉, 우리는 신의 존재를 묻는 질문에 신적인 삶의 모습으로 답변할 수 있어야 한다. 파스칼_{Blaise Pascal}은 그의 미완성 대작 『팡세_{Pensées}』에 다음과 같은 말을 남겼다. "신이 모든 인간이 인정할 수 있도록 인간 앞에 나타난다는 생각은 옳지 않다. 그렇다고 진심으로 그를 찾는 사람들까지 알아볼 수 없을 정도

로 숨어 있다는 생각도 옳지 않다. 그는 그를 찾는 이들에게 그 자신을 온전히 드러내고 명확히 나타나길 원하시는 반면 진심으로 피하는 사람들에게는 자신을 감추시길 원하기 때문이다. 오직 보기를 원하는 자에게는 충분한 빛이 있고, 이와 반대되는 마음을 가진 자들에게는 충분한 어둠이 있다."[3] 앙리 카르티에 브레송Henri Cartier-Blesson의 말처럼 우리는 빛이 보이지 않을 때라도 빛을 존중하고 빛을 보기를 소망해야 하리라.[4]

파스칼의 전언처럼 우리의 삶에는 선택에 대한 충분한 가능성이 있다. 우리는 삶의 방향을 돌려 신적인 세계를 만나기를 선택할 수 있으며 혹은 기존의 삶을 이어가도록 선택할 수도 있다. 종교는 삶 속에서 벌어지는 수많은 가능성 중 충분한 빛을 선택하도록 돕는다. 그것은 삶의 가치관을 새롭게 정립하고, 세계의 생태계를 구성하고 있는 장치를 파악하고, 세계의 덫에서 벗어나 새로운 삶의 창조가 일어날 수 있도록 하는 일이다.

---

3 블레즈 파스칼, 『팡세』, 하동훈 옮김 (서울 : 문예출판사, 2003), 226-227쪽.

4 "플래쉬를 사용한 사진도 물론 안 된다. 빛이 없을 때라도 빛을 존중하기 위해 말이다. 그렇지 않으면 사진가는 참을 수 없을 정도로 공격적인 사람이 될 것이다." 앙리 카르티에 브레송, 『영혼의 시선』, 권오룡 옮김 (파주 : 열화당, 2006), 26-27쪽.

경계 없이 도래하는 성소들

유토피아는 영원에 대한 인간 열망과 밀접한 관련을 맺고 있다. 종교가 탄생한 동기 자체가 시간에 대한 공포로부터 비롯되었기 때문이다. 시간 속에서 살아간다는 것은 우리의 삶이 언젠가는 늙고 약해지고 병들고 마침내 끝을 맞이한다는 것을 뜻한다. 시간은 우리를 성장하게 하지만 어느 지점을 넘어서면 생명력을 파괴하면서 마침내 죽음으로 인도한다. 그래서 존재에 대해 생각하는 이들은 필연적으로 시간을 넘어선 한계 너머의 세계에 대해 탐구한다. 시간 너머를 상상한다는 것은 주어진 삶과 죽음을 선험적인 명제로 받아들이는 것을 거부하는 행위이다. 어쩌면 가장 비참하고 힘든 현실에 사로잡혀 있던 바벨론 포로기의 이스라엘 백성들이 시간 이전의 시간, 바로 태초의 시간에 대해서 생각했던 것은 자연스러운 일인지도 모른다. 그 갈망은 마침내 '창세기'라는 삶 이전과 죽음 너머의 근원에 대한 기록을 남기도록 하였다.

창세기가 말하는 태초란 과거의 극단 지점을 가리키는 것이 아니다. 마찬가지로 시간을 넘어선 영원이라는 개념도 시간의 무한한 확장을 뜻하는 것이 아니다. 시간의 확장만이 영원이라면 그것은 힘과 지배, 자기 사랑의 무한 확장으로 이어질 수밖에 없으리라. 이러한 영원의 개념은 여전히 현실의 욕망과 같은 차원에서 시간을 논하고 있다는 점에서 초월적 타자와 질적 차이를 만들어내지 못한다. 태초는 우리가 살아가는 내적인 시간 개념이 아니라 외부 차원에서 도래한 타자의 시간으로 종교의 시간이 시작되는 시점이다. 그래서 종교를 논한다는 것은 우리에게 끊임없이 한계를 자각시키는 생로병사의 현실 속에서 그것을 넘어선 너머의 영역을 도입한다는 것을 뜻한다. 그러나 시간 안에 있는 존재가 밖으로 걸어 나가기 위해서는 타자의 도움이 필요하다. 은총은 무한의 존재가 유한한 시간 속으로 들어와 만남의 손길을 내미는 일이다. 그리고 그 도래된 은총은 한계와 테두리 안에 타자가 계속 스며드는 방식으로 함께 할 수 있도록 시간과 공간을 넓혀주는 일을 하는 것이다.

사실 이러한 '시간 밖의 시간'은 종교의 영역만은 아니다. 현대 물리학자들도 자연을 설명하는 데 기존의 시간과 공간을 벗어난 개념과 용어가 필요하다고 말한다. 물리학자 뵈르너Gerhard Börner는 "공간과 시간이 빅뱅에 의해서 발생하고 블랙홀에서 소멸한다면 공간과 시간 속에 있는 세계가 모든 것일 수 없다."[5]라고 말한 바 있다. 우리는 경험을 시간과 공간 속에서 정리하고 구성할 수밖에 없는 존재들이지만 현대 물리학의 이론들은 경험들을 완전하게 설명하기 위해서 공간과 시간을 벗어난 개념들이 필요하다는 것을 역설한다. 현대 물리학이 시간에 대해 밝혀낸 것은 시간이 상대적이며 질과 양에 따라 상이한 성질을 가질 수 있다는 것이다. 예를 들어 같은 10년이라고 해도 어떤 사람에게는 그것이 아주 오래 걸리는 무거운 기간이지만 어떤 사람에게는 유수처럼 흘러가는 시간일 수 있다. 그러므로 시간이란 단위로 측정할 수 있는 정적인 대상이 아니라는 것을 이해하는 것이 중요하다. 시간의 개념을 이렇게 유연하고 차원을 넘나드는 것으로 확장시키면 경험적인 시간과 다른 차원의 시간을 상상하는 것이 가능해진다. 성 아우구스티누스St. Aurelius Augustinus는 이러한 초월적 시간을 영원이라고 부른다.[6] 초월의 시간은 영원으로, 공간은 유토피아로 상정되는 셈이다.

영원의 시간은 시간의 확장이 아니라 새로운 창조를 구현할 수 있는 잠재성의 시간으로, 신적 타자로부터 오는 시간이다.

5　게르하르트 뵈르너, 『창조자 없는 창조? : 경의로운 우주를 말하다』, 전대호 옮김 (서울 : 해나무, 2009), 131쪽.

6　성 아우구스티누스, 『고백록』, 김기찬 옮김 (고양 : 크리스챤다이제스트, 2000), 311-313쪽.

여기서 신이란 대상적인 형상이 아니라 갇혔던 시간을 해방시키고 변화시킬 수 있는 힘과 사랑의 존재를 뜻한다. 그런데 놀라운 것은 이 초월의 시간을 맛볼 수 있는 곳이 특별한 시점이나 장소가 아니라 바로 '지금, 여기'라는 사실이다. 아우구스티누스는 "주님의 연대는 불과 한 날이며 주님의 날은 되풀이되지 않고 언제나 오늘이옵니다."[7]라고 말한 바 있다. 칼 바르트 Karl Barth라면 이 역설을 창조의 개념을 매개로 풀어나갈 것이다. 영원의 시간이란 동시적이고 전체적인 특징을 가지고 있지만 그것이 생생하게 구현되는 곳은 인간의 시간 안이라고 말이다. 이 구현의 순간이 바로 창조의 순간이다. 창조란 영원이 인간의 파편적인 시간 속으로 잠입할 때 일어나는 현상이다. 사람들은 미래에 대한 시간 때문에 불안한데, 하나님의 시간 안에서 미래란 도래하는 것Adventus으로서 갇힌 현재를 구원하고 해방하고 창조하는 역사가 된다. 그 도래는 하나님의 필연이지만 인간의 자유를 거스르지 않는다.

그래서 창조적인 사람들은 기존의 한계를 넘어 새로운 차원의 큰 시간과 공간의 흐름을 도입한 이들이다. 이 흐름에 대한

---

7 위의 책, 313쪽.

감각을 통찰력이라고 할 수 있는데, 영원으로부터 오는 통찰력은 전체를 조망할 수 있는 시야를 갖고 있기에 가고 오는 흐름을 파악하고 알아차릴 수 있다. 어쩌면 유토피아의 도래는 자본과 본능이 결합하여 괴물을 양산하는 디스토피아를 벗어날 수 있는 새로운 통찰력과 창조적 흐름을 만들어 낼 수 있는 감각에 달려있을지도 모른다. 우리의 내면, 삶 안에 이미 자리한 디스토피아를 미처 인식도 못한 채 우리 안에 자리한 괴물들을 남의 탓이라 여기지 않고 직면하며 새로운 시간과 공간을 만들어내는 용기가 필요하다. 종교는 시대의 흐름을 읽고 그것이 나아가야 할 방향에 대한 예측과 영감을 보유할 수 있어야 한다. 괴물들이 활개 치는 전쟁의 한복판이 실은 교묘하게 스며든 우리네 일상과 내면임을 일깨워야 하고, 그 틈새와 원수들과의 협상 속에서 신비가 파고들어 전환할 계기들이 있어야 한다. 그렇지 않다면 종교는 신비를 잃어버리고 기존의 세계관을 계속 확장시키는 역할에 그치게 된다.

종교가 시대의 흐름을 읽고 미래의 방향을 안내한다는 것이 기존의 것과 전통을 제외시킨다는 것을 뜻하지 않는다. 영원의 사유 속에서 과거와 현재와 미래는 경계가 뚜렷하게 구별되지 않으며 전체의 의미망 속에서 각각의 위치를 차지하고 있을 뿐이다. 중요한 것은 구별이 아니라 성찰과 생명력 있는 융합이다. 새로운 차원이란 고립적인 개체가 아니라 기존의 차원과 벗어나 있으면서도 친밀한 관계를 맺고 있는 무엇이다. 그것은 기존의 세계가 가진 한계를 돌파하면서도 이전의 세계관을 포괄하는 동시성이다.

플라톤이 『티마이오스』에서 말한 것처럼 영원한 존재aidion ousia에는 '있다esti'만이 있으며, '있었다'와 '있을 것이다'는 시간 안에서 변화하며 생성·소멸하는 존재에 대해서만 말하는 것이다.[8] 유토피아는 이 영원한 존재들이 존재하는 때와 장소이다. 이 플라톤의 사유를 잘못 이해하면 자기동일성에 갇힌 것으로 이해하기 쉽지만 그 역시 시대의 사유 속에 그의 초점은 있었다는 것을 기억하자. 그가 말하고자 했던 바는 영원한 존재는 그만의 특질의 시간 안에서 자기동일성을 가지고 있다는 것이다. 과거나 미래가 없고 언제나 영원한 현재만 있다는 것은 인간의 시간 법칙과 동일선상에서 말할 수 없다는 것을 의미한다. 그곳은 마치 꿈을 통해 만나는 무의식의 영역처럼, 언어화되지 않았지만 고향과도 같은 그곳은 좋음과 싫음, 옳음과 그

---

8   플라톤, 『티마이오스』, 박종현·김영균 옮김 (서울 : 서광사, 2000), 74-75쪽.

름, 선과 악 등으로 경계를 지어 동일성에 갇히거나 미리 배제하거나 판단하지 않고 시간의 뗏목을 타고 유영하며 만나지는 성소인 것이다.

유토피아는 삶의 구심점으로서 성소sanctuary의 공간을 가지고 있다. 여기서 구심점이란 흔히 말하듯 지배적이고 자기중심적인 선형적 차원이 아니다. 관찰자의 시간에 이 초월적 공간의 차원을 들여놓으면 중앙의 한 점에서 교차하며 모든 방향으로 퍼져 나가는 선의 이미지가 그려질 수 있다. 다른 차원으로부터 온 한 점, 가운데서 교차하면서 서로가 서로 같이 연결되는 그런 어떤 점이 성소라는 것이다. 쉽게 말하면 점들의 중심은 선과 접속된 점인 것처럼, 이 선과 접속된 선-점은 모든 방향으로 퍼져나가는 모든 점들의 성소로 있으며 시간과 공간을 영원한 현재로 연결시킨다. 밖으로 부단히 퍼져나가는 시간과 그것이 모여서 한데 결합하는 중앙의 한 점, 이 점은 단순히 다른 것과 구분된 어느 한 점이 아니다. 사방팔방으로 교차하듯 퍼져나가며 살아서 움직이는 아주 거대한 네트워킹 같은 것이며, 다양한 모든 구성원들을 상호 침투하고 살리는 장으로서의 점이다. 그러므로 그것은 상생 유토피아를 가능하게 한다. 그것이 계속 중앙의 점들을 향해서 들어갔다 나갔다 순환하고, 퍼져

나가는 듯 교차하고 서로의 속성들을 상호 교환하면서 침투하는 통로라는 것이다. 이 선-점은 중앙이면서 중앙이 아니며 성소로 구별되어 있지만 다른 점들을 성소로 만드는 의미체계의 중심점이다. 영원한 현재는 이와 같이 독특한 달력을 가지고 있다. 과거와 현재가 분절되어 있으면서 아무 의미 없는 시간이 아니라 그 모든 것들이 합목적적이면서 융합적으로 의미가 있는 시간들이다. 과거도 미래도 없는 현재, 그러나 모든 과거와 미래를 그 안에서 담지하며 흐르는 현재이다. 그러므로 영원에 대한 사유는 영원한 현재 안에서 현재의 시대적 맥락을 포괄한다. 그것은 한 시대에 새로운 영감을 부르고 창조적 동력을 일으킨다. 이것은 개인의 부귀영화를 위해 종교를 보험이나 면죄부처럼 이용하는 것과 다르며 마치 빛과 어둠처럼 전혀 다른 의미망 속에 배치되어 있다.

마음, 기도와 연대의 문

그렇다면 유한한 시간 속에 찾아오는 유토피아를 어떻게 건설할 수 있을까? 파스칼은 오직 보기를 원하는 자에게는 충분한 빛이 있고, 이와 반대되는 '마음'을 가진 자들에게는 충분한 어둠이 있다고 말했는데 이 글귀에서 빛과 어둠이 교차하는 장소는 바로 마음이다. 예로부터 성서는 인간의 마음을 하나님이 거하는 성전으로 거듭 비유해 왔다. 마음속에서 인간은 신적 존재와 교감할 수 있는 공간이 있으며 이것을 공유하는 공동체가 존재한다는 것이다.

마음이 우리의 지향성을 새롭게 할 수 있는 창조적 근원지라는 사실은 우리에게 시사점을 준다. 종교에 있어서도 마찬가지다. 신은 그 어떤 곳도 아닌 인간의 마음에 거한다. 이 사실은 모든 인간에게 신을 만날 수 있는 기회를 열어놓는 동시에 어느 누구도 신을 만날 수 없었다고 변명하지 못하게 한다. 기도는 마음의 통로로 걸어 내려가 그 안에 깃든 신성을 만나는 문이다. 이 만남 속에서 우리의 지성과 감정, 의지는 더욱 영원에 합당한 것으로 변해 간다. 더욱 생명력을 품을 수 있도록, 자비와 사랑이 넘치도록, 평화를 지닐 수 있도록.

마음은 우리의 기억과 경험들이 끊임없이 쌓이는 곳이기 때문에 신의 속성과 제국의 속성이 싸우는 곳이기도 하다. 기도를 통해 경험은 과거와 현재, 미래는 각각 분리된 것이 아니라 서로 영향을 미치며 변주된 형태로 나타난다. 즉, 과거와 미래는 현재와 상관이 없는 것이 아니라 특정한 형태로 현재에 개입한다. 예를 들어 과거란 이전에 나에게 일어났던 모든 일을 포괄하지 않는다. 인간은 현재의 자신에게 의미가 있는 과거만 선택적으로 기억한다. 그렇기에 과거란 지난 일이 아니라 현재에 여전히 영향을 주는 일들이다. 예를 들어 과거에 좋아하는 친구를 만났던 경험을 상기해 보자. 그것은 과거의 경험임에도 불구하고 현재의 우리에게 기쁜 감정을 준다. 즉, 과거란 현재와 관련이 있는 것이다. 그래서 우리의 현재와 미래가 재구성되기를 원한다면 반드시 마음을 들여다 보고 과거의 기억을 정화하고 재구성할 필요가 있다. 과거에 해결되지 않은 상처와 절망들은 반드시 현재와 미래에 변모된 형태로 얼굴을 내밀 것이기 때문이다. 삶에 중대한 영향을 미치는 기억의 정화는 종교가 반드시 담당해야 할 영역으로 기억을 치유하고 정리하지 않으면 과거가 만들어내는 상처와 한계에 계속해서 구속된다.

또 과거를 정리했다면 현재를 현재답게 살 수 있는 것이 중요하다. 기도는 영원한 현재를 통해 과거와 현재를 연결한다. 미래 역시 어떤 방식으로든 현재에 영향을 미친다. 미래를 생각하며 특정한 생각이나 감정을 품기 때문이다. 미래는 우리가 계속해서 살아갈 수 있는 원동력이다. 만약 미래에 희망이 없다면 현재의 삶은 절망 뿐일 것이다. 미래에 대한 희망은 가능성과 잠재성이라는 에너지로 새로운 가능성을 꿈꾸게 한다. 이렇게 과거와 현재, 그리고 미래가 삶에서 통합될 때, 우리의 마음은 영원이 거하는 성소가 되어 간다.

이 성소가 영원이 거처하는 마음의 본질적인 모습이다. 인간은 영원과 시간이 잇대어 있을 때 비로소 삶의 이유와 목적을 알 수 있다. 그 만남은 살아가면서 선택할 수 있는 수많은 가능성이나 진로 중 하나가 아니며 인간답게 살기 위해 반드시 이루어져야 할 필연이다. 그 운명에 눈을 뜰 때 우리는 자기 자신을 바로 보고, 삶의 패러다임을 전환하며, 타자를 향해 마음을 돌릴 수 있다. 그러나 우리가 살아가는 세계는 이 만남의 시간을 방해하려는 장치들로 가득하다. 현란하고 정교한 장치 속에서 우리는 진정으로 속해 있어야 할 시간을 잃어버리며 끊임없는 허무에 시달린다. 프루스트_{Marcel Proust}가 이야기한 것처럼 그것은 '무의지적 기억'이며 '잃어버린 시간'들이다.[9] 인류의 잃어버린 꿈은 더 이상 도피나 강박에 의한 미션 수행이 아니다. 우리

---

9 마르셀 프루스트, 『잃어버린 시간을 찾아서1,2,3』, 민희식 옮김 (서울 : 동서문화사, 2010). 소설은 어느 겨울날 홍차를 담근 마들렌을 입에 댄 순간 유년시절에 콩브레에서 맛본 그 과자에 대한 기억과 함께 콩브레에서 살아온 모든 추억이 생생하게 떠오름으로 시작된다. 이른바 '무의지적 기억'이 솟아난 것이다. 어린 시절 방학을 보냈던 마을 콩브레와 그곳의 사람들의 일화가 '나'의 의식의 흐름을 타고 그려지는 이 소설은 방대한 분량을 가득 채운 독특한 서술 방식과 그 속에 담긴 정밀한 묘사 덕분에 소설사의 기념비적 작품으로 남아있다.

의 내면에서 멈춤 장치를 통해 우리의 삶을 돌아보며 열렬하고 주의 깊은 관찰을 통해 유토피아의 세계로 접속되는 것이다. 그리고 그 세계는 살아있는 신성한 시간과 공간을 만들어내는 우리의 마음과 지난한 작업 속에 둥지를 틀고 존재하게 될 것이다.

각종 두려움과 걱정거리들에 매몰되어 있느라 지친 이들에게 소로Henry David Thoreau는 말한다. "새벽이 되기 전에 근심에서 깨어나서 모험을 찾아 떠나라. 그대의 천성에 따라 야성적으로 자라라. 밥벌이를 그대의 직업으로 삼지 말고 도락으로 삼으라. 대지를 즐기되 소유하려 들지 말라."[10] 또한 시몬 베이유Simone Weil는 말한다. 조작 가능한 소유물로 삶을 얼어붙게 만들지 말라고. 존재의 잠재력을 충분히 발휘하는 참된 존재가 되려면 자기 해석적이고 자율적이며 주체가 되라고. 그리고 꽁꽁 묶인 에너지를 해방시키기 위해서 자유롭고 참된 관계를 이해할 수 있는 에너지를 소유하기 위해서는 매일같이 죽어야 한다고.[11] 그것은 무기력이 아니라 권능을 부여해주는 해방의 자기 포기

10 헨리 데이비드 소로, 『월든』, 강승영 옮김 (서울 : 은행나무, 2011), 312쪽.

11 Simon Weil, *Gravity and Grace*. trans. Emma Craufurd (London: Routledge, 1963), p.28.

이며 영원을 시간 안에 귀환하는 신적 계기들이 될 것이다. 비극을 침묵으로 견디고 마침내 눈을 뜬 이들이 모든 존재 안에서 신을 보는 날, 비로소 삶의 수수께끼들이 풀리며 빛을 보게 되는 그 날이 바로 우리의 시간, 영원한 지금이 될 테니까.

색인

비극을 견디고 주체로 농담하기 | 소진사회의 인간과 종교

초판발행   2019년 4월 26일

지은이   김화영
발행인   김화영
교정   박혜원 성현철 신수현
편집디자인 김계수 서 광 서수현
펴낸곳   나다북스
출판등록   2008년 1월 9일 제2008-000002호
주소   서울시 강서구 양천로 564 두산위브센티움 431호
전화번호   02-2644-5121 (내선 5번, 직통 070-4757-7522)
팩스번호   02-6346-5121
홈페이지   www.nada.or.kr

ISBN   979-11-86660-02-7